緑のデザイン

住まいと引き立てあう設計手法

園三 著

学芸出版社

はじめに

　まちを歩いていると、なんとなく雰囲気がよくて住まいと引き立てあっているなと感じる庭に出会うことがあります。この「なんとなくいい」という空気感には、建築のスケールやボリュームに合ったバランスのいい緑量があったり、庭主の緑への愛情が感じられる空間があったりするのではないでしょうか。

　目を凝らして見てみると、こうした庭はじつにたくさんの要素で成り立っていることに気づきます。例えば、室内外の連続性・境界・奥行きを際立たせる木の選び方。緑の構図や木洩れ日で人をもてなす豊かな動線とシークエンス。下草や低木で目を喜ばせるまち並みとの接点。香りや味わい、音や足触りで楽しませる日常のシーン。これらの要素により構成された庭は魅力的で、外に向けた場所ではまち並みに寄与し、内に向けた場所では日々の暮らしでの豊かな時間を紡ぐことでしょう。そうした「なんとなくいい」と感じるものを紐解きながら、空間構成をさまざまな角度から解説していくことがこの本の目的です。

　収録されている 24 の庭は、造園家である筆者が作庭に関わったものですが、庭をつくるのは造園家だけではありません。住宅の庭づくりにおける造園家の役目は、建築設計者が用意してくれた見せ場にどんな緑を配し、庭主のためにどんな体験の舞台を用意するのかを考え、具現化することです。つまり、建築設計者や庭主の皆さんが居住空間の一部として庭を捉えてくれる状況と、建築・庭・暮らし手の三者の協働があってはじめて、庭のある豊かな暮らしのシーンがかたちになるということです。

　住宅設計者や造園関係者の方には、互いを引き立てあう庭と建築のコラボレーションの実践事例として、これらの事例を読み解いていただければと思っています。

　また庭主の皆さんには、緑のデザインが豊かにする暮らしのバリエーションに触れ、自分の暮らしはどんな要素で豊かになるのかを探すきっかけとしていただけたら嬉しいです。

　第 1 部は、居室と庭との関係性がわかる豊富な写真と平面図で、24 事例を詳しく紹介しています。「スケールを操る」「体験を落とし込む」「ロケーションに寄り添う」「まちにひらく」という 4 つの大きな分類を手がかりに、興味のわくものから読み進めてみてください。もっとも、一つの言葉ですべての庭の構成要素や魅力は言いつくすことはできません。さまざまな庭の個性を少しでも参照しやすいように、〈行為別のアイコン〉でも整理しています。

眺める ｜ 室内や通りからの緑の景をつくる

歩く ｜ 散策体験を楽しむ

聴く ｜ 水盤に滴る水音などをデザインする

香る ｜ 四季を通じて季節の花や木々の香りを楽しむ

食べる ｜ キッチンガーデン、ハーブや木の実など食卓を彩る草木を植える

　続く第 2 部では、実際に庭をつくるための手法や技術、材料、工程を紹介しています。作庭の大きな流れはもちろん、庭主との対話や植える木の役割、石や低木・下草類、グランドカバープランツの選び方まで、庭をつくる際に考えていることの全体像を掴んでいただけたら嬉しいです。

　読み終えたとき、「私ならこうしたい」と本書が皆さんにとって次のアイデアにつながるきっかけとなり、ゆくゆくはまちに緑豊かな空間を少しでも増やすお役に立てれば幸いです。

2020 年 8 月　園三

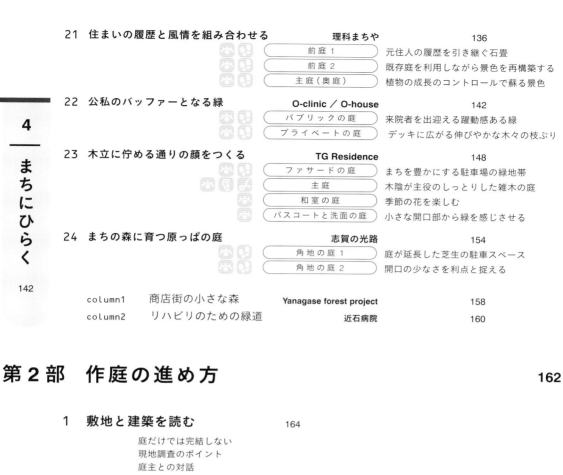

第2部　作庭の進め方　　　　　　　　　　162

第1部
建物と
引き立てあう
緑の設計

第 1 部では、24 の作庭事例を 4 つのカテゴリに分けて紹介していきます。
「スケールを操る」では、建築空間の奥行や連続性、境界を引き立てることに力
点が置かれた事例を、「体験を落とし込む」では、緑を眺めるだけでなく五感を使っ
て楽しむことを重視した事例を、「ロケーションに寄り添う」では立地やコンセ
プトの長所を引き出す仕掛けをとなる事例を、「まちにひらく」では周辺環境へ
派生する緑豊かなまち並みに寄与する事例を収録しました。

アオダモ

ヤマザクラ

ヤマモミジ

傾斜地に立体的な散策体験をつくる

　市街地にある閑静な住宅街に建つ週末住宅。東側に隣接する緑地公園の森を望める環境である。敷地全体が急な傾斜地になっており、1階のファサードの庭、1階の主庭、そこから2階へと進む露地の庭、2階の内側のテラス露地、3階のリビング・ダイニングから望む庭を設けた。2階にある二つの露地からは公園の森の木々を楽しむことができる。

HX-villa

所在地 　　：愛知県名古屋市
構造／階数：地下＋地上2階建
家族構成 　：4人
竣工 　　　：2016年
敷地面積 　：499.93m²
建築面積 　：149.92m²
建築設計 　：建築設計室アーキスタジオ

CASE 01 —

ヤマモミジ

ウラシロモミ

サルスベリ

アオダモ

ソヨゴ

ヤマモミジ

アオダモ

トサミズキ

景石

タマリュウ

トサミズキ

RC 塀越しに内部の緑を想像させるファサード　©arstudio.co.jp

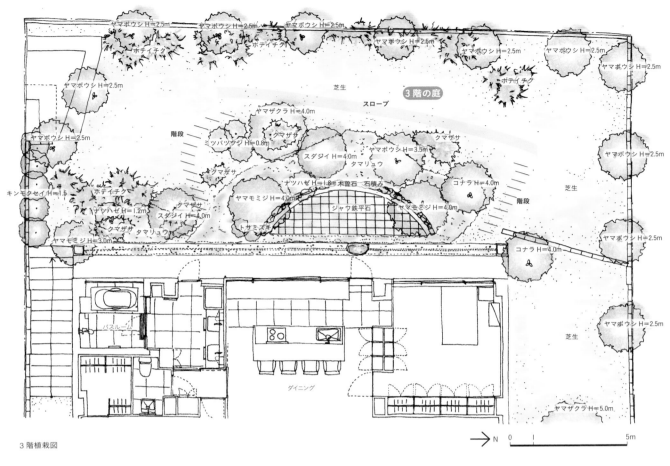

3 階植栽図

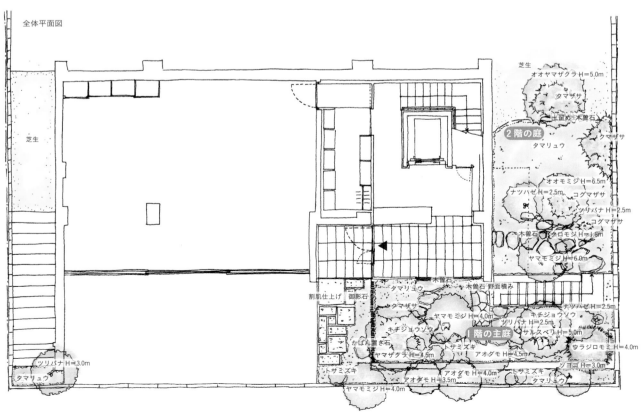

全体平面図

1 階植栽図

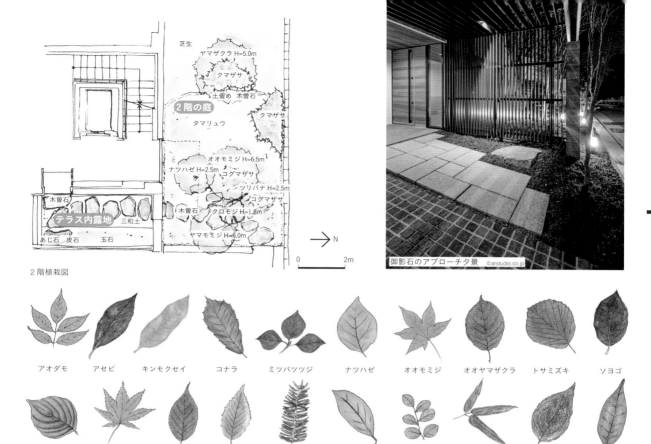

芝生
ヤマザクラ H=5.0m
クマザサ
土留め 木曽石
2階の庭
タマリュウ
クマザサ

木曽石
オオモミジ H=6.5m
ナツハゼ H=2.5m
コグマザサ
ツリバナ H=2.5m
コグマザサ
木曽石
クロモジ H=1.8m
ヤマモミジ H=6.0m

テラス内露地
三和土
あじ石 皮石
玉石

0 2m
N

2階植栽図

御影石のアプローチ夕景 ©arstudio.co.jp

アオダモ　アセビ　キンモクセイ　コナラ　ミツバツツジ　ナツハゼ　オオモミジ　オオヤマザクラ　トサミズキ　ソヨゴ

ヤマボウシ　ヤマモミジ　ヤマザクラ　アカシデ　ウラジロモミ　クロモジ　サルスベリ　ホテイチク　ツリバナ　スダジイ

主役となる植栽

ファサードの庭

景色を豊かにする道路境界沿いの植栽帯

方形乱張りにした大きめの御影石 ©arstudio.co.jp

　目隠しを兼ねた RC 塀と前面道路との間に幅 600mm ぐらいの植栽帯が設けられていたため、緑豊かなファサードとなっている。高木は**アオダモ**、**ヤマモミジ**などのすらっとした樹形のものを選定し、葉のない冬場も寂しくないように常緑の**ソヨゴ**、そして低木には**トサミズキ**、地面には**タマリュウ**、景石を配した。

　アプローチには**御影石**の板石を張った。**御影石**は 450 × 450mm、300 × 600mm、300 × 300mm、900 × 600mm のサイズの板石を使用して方形乱張りを行なった。一般的なサイズである 300 × 300mm や 300 × 600mm の大きさのものを用いることが多いものの、建築の大きなファサードのボリューム感に負けないように、また少し迫力を出すためにも大きなサイズの板石を組み合わせることにした。

　御影石の隣に配した平らな大きな景石は"かばん置き石"と呼んでいる。週末を過ごすこの家では、リラックスして仕事を忘れてほしいというメッセージを込めてここに配した。

ヤマモミジ

ヤマザクラ

タマリュウ

タマザサ

1階の主庭│樹木の影を楽しむ露地　©arstudio.co.jp

ウラジロモミ

サルスベリ

クマザサ

アオダモ

景石

トサミズキ

キチジョウソウ

斜面地を活かした雑木の庭

玄関から望む主庭　©arstudio.co.jp

玄関ホールから望むことができる主庭には、道路と庭を隔てる RC 塀の手前に大きな**ヤマザクラ**などの木を配し、塀の内側から前面のファサードに枝ぶりの景をつくる。この塀を挟むようにして、道路側ファサードの庭にも大きな木々を配している。道側のファサードの庭からは先ほどの**アオダモ**、**ヤマモミジ**を、主庭側には**ヤマザクラ**、**ヤマモミジ**、**アオダモ**を前後させ配することで遠近感・立体感を出している。玄関ホールには、数種類の高木の幹とその影が織りなす景と、**恵那石**の飛び石と**タマリュウ**のグランドカバーにより、落ち着いた露地の雰囲気をつくった。

　玄関ホールから続く露地の庭は、庭を楽しみながら斜面を登り 2 階へとアクセスすることができ、客人の出入りにも使われている。

アプローチのすらりとした高さ 4m のヤマモミジも、
1 階玄関ホールの背景となる
©arstudio.co.jp

14

建築の開口に合わせてモミジの景色をつくる

1階から続く2階の露地 ©arstudio.co.jp

2階庭に面した階段室から見るオオモミジ。
枝ぶりは3階吹抜けまで広がる
©arstudio.co.jp

1階から2階へつながる露地は、飛び石により2階の入り口へと続く。入り口の脇にある大きな開口からは**モミジ**の根元と下枝、そして下草を楽しむことができる。3階の開口部からはダイナミックな**モミジ**の枝葉の景が切り取られ、紅葉も見ものである。**オオモミジ**、**ヤマモミジ**、**ナツハゼ**、**ツリバナ**を配し、グランドカバーは**タマリュウ**を使用することにより1階露地から連なる空間にまとめている。

飛び石を据えてみると、下草の斜面を背景とした程よい余白空間が生まれたため、石の置き灯篭を据え、テラス露地へとつなぐアイストップとした。

2階の庭のオオモミジ（右）は6.5mと存在感のある一株　©arstudio.co.jp

テラス内露地｜恵那石の飛び石と三和土風の土間
などのテクスチャーにこだわった
©arstudio.co.jp

鎖どい

庵治石皮石

恵那石

テラス内露地

■ テラスにつなげる庭の余韻

　2階の庭の露地から建具をくぐった内側に、和室や仏間へと通じるテラス露地がある。

　テラス露地には、2階の外の庭からの露地が続くように**恵那石**の飛び石を据え和の趣を添えた。タタキ風の土間にも**恵那石**を配し、露地の素材が続くようにしている。土間は表面をかき落として、骨材が見えるようなマットな風合いに仕上げた。庭主にもこの仕上げが好評で、2階のRC造の階段部分も同じテクスチャーとなった。

　テラスにはちょうど屋根の鎖どいがあったため、雨水を受ける水盤を設置した。水盤は四国産の**庵治石**の皮石（p.33）を選んだ。皮石とは丸い石から剥がれた自然石のことで、丸い窪みに水を溜める水盤として再利用している。

庵治石の皮石の水盤
©arstudio.co.jp

ヤマモミジ

ヤマモミジ

木曽石野面積み

トサミズキ

ジャワ鉄平石

3階の庭 | リビング・ダイニングから見た木曽石のテラス

▬ 斜面を切り取りリビング・ダイニングを拡張する

ダイニングからは窓越しに緑の斜面を楽しめる ©arstudio.co.jp

　山側に広がる3階の庭は急斜面の立体感を活かしている。山の斜面を半円に切り取ったテラスをつくり、3階キッチンからはテラスに直接出ることができるようにした。切り取った斜面には**木曽石**の野面積みを施しておうぎ形の石積みとし、平場床面には**ジャワ鉄平石**を使用した。このテラスの両サイドには**ヤマモミジ**を植えて、両脇からテラスに枝葉が掛かるようにした。キッチンからは**モミジ**の枝がテラスに差し掛かった景色を、テラスに出ると空に差し掛かる**モミジ**の風景を楽しめるようにしている。

　また傾斜面の緑を室内から眺めるだけでなく、斜面に階段やスロープをつけて軽く散策できるようにもしている。階段を取り付けるとメンテナンスもしやすくなる。この斜面はグランドカバーに**芝生**を用いて明るい色を出しながら、所々に**タマリュウ**と**クマザサ**を使用し、2階

や1階の庭とひと続きの空間とすることを重視した。

　樹木は**ヤマボウシ**、**ナツハゼ**、**コナラ**、**スダジイ**、**ヤマモミジ**、庭主の要望にあった**ホテイチク**を配している。

約30度のおうぎ形に石積みの土留めとしてテラスとなる平場を設けた

傾斜地のテラス断面

CASE 02

平屋に効く見え隠れのシークエンス

　　閑静な住宅街の角地に位置する木造の平屋建ての住宅。道路に面してファサードにゆったりと庭が設けられ、3カ所に中庭が配された住宅である。アプローチは石材を使用して高低差のある景色をつくった。建物内には玄関の中庭、バスコート、コの字に囲まれ複数の部屋から眺めることのできる大きな中庭がある。

岐阜の家

所在地 ─── ：岐阜県
構造／階数：木造平屋建
家族構成　：夫婦
竣工　　　：2018 年
敷地面積　：661.165m²
建築面積　：368.52m²
建築設計　：GA 設計事務所

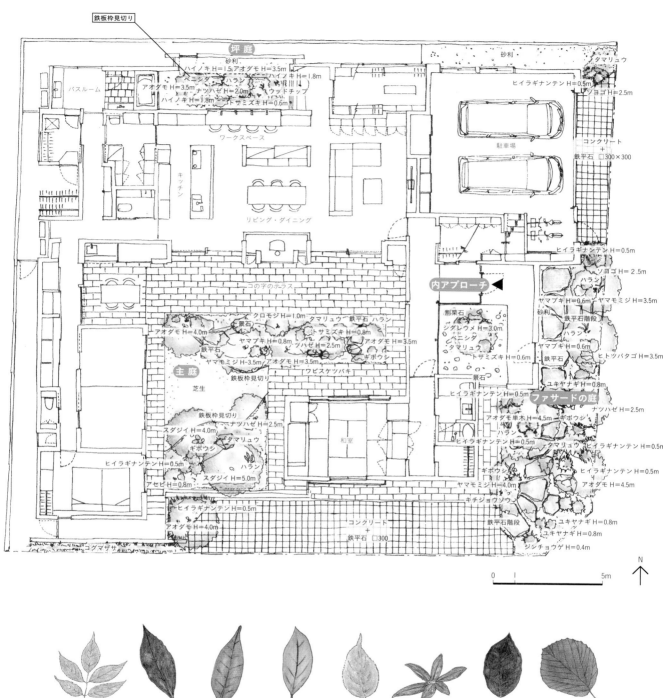

鉄板枠見切り

坪庭

砂利

ハイノキ H=1.5m アオダモ H=3.5m
ベニシダ ハラン ハイノキ H=1.8m
アオダモ H=3.5m ナツハゼ H=2.0m ウッドチップ
ハイノキ H=1.8m トサミズキ H=0.6m

バスルーム

ワークスペース

キッチン

リビング・ダイニング

タマリュウ

砂利

ヒイラギナンテン H=0.5m
ソヨゴ H=2.5m

駐車場

コンクリート
＋
鉄平石 □300×300

内アプローチ ▶

ヒイラギナンテン H=0.5m

ソヨゴ H=2.5m
ハラン

ヤマブキ H=0.6m ヤマモミジ H=3.5m
砂利 鉄平石階段
ハラン
ヤマブキ H=0.6m

割栗石
シダレウメ H=3.0m
ベニシダ
タマリュウ
トサミズキ H=0.6m

景石

ヒイラギナンテン H=0.5m

鉄平石
ヒトツバタゴ H=3.5m
ユキヤナギ H=0.8m

ファサードの庭

ナツハゼ H=2.5m

アオダモ単木 H=4.5m ギボウシ
ハラン
ヒイラギナンテン H=0.5m

タマリュウ ヒイラギナンテン H=0.5m
ギボウシ
ヤマモミジ H=4.0m
キチジョウソウ

ヒイラギナンテン H=0.5m
アオダモ H=4.5m

コの字のテラス

クロモジ H=1.0m タマリュウ 鉄平石 ハラン
アオダモ H=4.0m
ヤマブキ H=0.8m トサミズキ H=0.8m
鉄平石 ツハゼ H=2.5m アオダモ H=3.5m
ヤマモミジ H=3.5m アオダモ H=3.5m
鉄板枠見切り ワビスケツバキ
ギボウシ

主庭
芝生

鉄板枠見切り
ナツハゼ H=2.5m
スダジイ H=4.0m タマリュウ
ギボウシ
ハラン
ヒイラギナンテン H=0.5m
アセビ H=0.8m スダジイ H=5.0m

和室

ヒイラギナンテン H=0.5m
アオダモ H=4.0m

コグマザサ

コンクリート
＋
鉄平石 □300

鉄平石階段
ユキヤナギ H=0.8m
ユキヤナギ H=0.8m
ジンチョウゲ H=0.4m

0 1 5m

N

アオダモ　アセビ　スダジイ　クロモジ　シダレウメ　ジンチョウゲ　ソヨゴ　トサミズキ

ナツハゼ　ハイノキ　ヒイラギナンテン　ヒトツバタゴ　ヤマブキ　ヤマモミジ　ユキヤナギ　ワビスケツバキ

主役となる植栽

━ 大判の鉄平石を用いた外玄関への階段アプローチ

東側から見るアプローチと外観　©Masato Kawano / Nacasa & Partners

計画地の南側と東側は公道に面し、東側には車庫への導入口、南側には来客用の駐車スペースがある。駐車スペースや道路からは、庭を通って外玄関へのアプローチが続く。

外玄関は、南側駐車場からの比較的長いアプローチと東側道路からの2方向を計画した。外玄関の扉は道路より約700mm高いため、盛り土で地形をつくった。床面には大判の**鉄平石**を用いている。できるだけ歩きやすく、かつ意匠的にも美しく石を配置した。

南側からのアプローチは約10mと距離が長いので、石の厚みを利用して約50mmずつ緩やかに、7/100勾配で登っていく設計とした。

東側のアプローチは厚みのある**鉄平石**を利用し、短い距離を蹴上150mm程度の階段状に登るよう配置した。

━ 人を迎え入れるもてなしの空間

庭主からは、**モミジ**のある森の旅館のような庭にしてほしいという要望があったため、山野の風景を意識して**木曽石**の景石を配した。また南側のアプローチの道すがら、同じく**鉄平石**の捨石を置き、客人をもてなす際に花を飾る花台に利用できるよう提案した。植栽は庭主の要望のとおり、**ヤマモミジ**を中心として**アオダモ**や**ナツハゼ**、**ソヨゴ**、**トサミズキ**、**ヤマブキ**、**ユキヤナギ**、**キチジョウソウ**などを配して山野らしさをつくっている。

一部軒下にも植物が必要だったため、自動散水装置を用いて水やりをコントロールしている。自動散水を用いると、付随するコントローラやホースが見えてしまう。

なるべく目立たない位置に設置し、機器が視界に入らないよう**ヒイラギナンテン**などの常緑樹を目隠しとした。

来客用の駐車場からのアプローチには、起点に**ジンチョウゲ**を植え、春にはその香りをくぐり抜ける仕掛けにした。

なお、地面が傾斜地になるため、土が流れないグランドカバーが必要だった。そのためマット状の**タマリュウ**を全面張りにして、斜面の土の流出を留めている。道路に面する2辺の境界線には、黒く塗装した鉄板を地中に埋め込み、土が流れないよう、またエッジを綺麗に見せるように配慮している。

ヤマモミジ

アオダモ

ヒイラギナンテン

トサミズキ

キチジョウソウ

ユキヤナギ

南側アプローチの鉄平石。右下の鉄平石が花台。等分で階段をつくらず変化があるように段をつくった ©Masato Kawano / Nacasa & Partners

玄関から見た内アプローチのシダレウメ ©Masato Kawano / Nacasa & Partners

サプライズのシダレウメ

花が咲いた内アプローチのシダレウメ。割栗石とタマリュウ

外玄関から、玄関扉に続くL字の内アプローチがあり、坪庭が用意してあった。来訪者にとって重要な場と考え、樹形が特徴的で花の美しい**シダレウメ**を配した。生産者の元へ行き、シンボルツリーとして、厳選して美しい樹形とスケール感の合う一株を選択した。軒が抜けているところには、外アプローチと同じように木曽石の景石と、**タマリュウ**や下草を地面にパッチ状に植えている。

内アプローチは方形割肌の**鉄平石**の石張りを用い、島状の植栽の余白部分には拳大の**割栗石**を敷き詰めた。**シダレウメ**の存在感、方形割肌の鉄平石がもつ石張りの素材感、壁のハンドメイドタイルの重厚感に囲まれているため、印象が負けない力強い割栗石を選んだ。建築自体が質感や重厚感のある仕上がりだったので、庭も全て力強い素材でつくることで、空間の迫力を逃がさず溜めることを意識している。

プライバシーを守り奥行きをつくるスダジイ

主庭｜景色を止める奥のスダジイ　©Masato Kawano / Nacasa & Partners

主庭はコの字に囲まれ、和室・廊下・リビング・ダイニング・キッチン・寝室と、ほぼすべての部屋から見える庭である。

庭主の気がかりは、コの字の建物がない側の塀の上に、隣家の2階部分が見えていたこと。植栽が目隠しとなりプライバシーが保たれることが重要だったので、**スダジイ**を2本植えて十分にプライバシーが確保できるようにした。

主庭のテラスは、建物と同じようにタイルが張られており、リビング側の奥行きが少し広くとってあった。建物の近くに植栽を配することが可能な場合は、庭と建築の距離感が遠ざかるのを防ぐためになるべく居室よりに木を植える。

リビング側もなるべくテラスに沿った際を植栽スペースとして、室内に緑を取り込めるように多くの木を植えた。和室に続く場所に常緑樹の**ツバキ**を植えた以外は、基本的に落葉樹の雑木を組み合わせて景色をつくっている。落葉樹にすることで冬場は視界が開け、大きな**スダジイ**の常緑樹を背景として空間の奥行き感を際立たせることができる。

クロモジ

アセビ

ギボウシ

アオダモ

ヤマブキ

ハラン

タマリュウ

ヤマモミジ

アオダモ

アセビ

ワビスケツバキ

アオダモ

ヤマブキ

ギボウシ

鉄平石

■ 芝生とタマリュウは鉄板で見切る

地面は、**木曽石**と**タマリュウ**・下草類で仕上げた。中央部は東西をつなぐように**芝生**を敷き、居室からすぐに**芝生**へ出て過ごせるようにした。**芝生**と**タマリュウ**の間には、弧を描く曲げ鉄板の見切りを入れ、**芝生**が**タマリュウ**側まで育つことを防ぎ、境界も際立たせている。自動散水装置を完備し、管理が容易なように配慮した。和室床の間の地窓からは庭の地面に落ちる**スダジイ**の美しい木洩れ日、素朴な下草だけの景色を楽しめるようにした。築山とした下草類の斜面も効果的に切り取った。

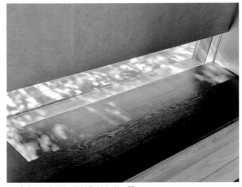

和室・床の間の地窓から見える主庭の下草の景
©Masato Kawano / Nacasa & Partners

スダジイの木洩れ日が落ちる床の間

主庭の夕景。奥がリビング・ダイニング　©Masato Kawano / Nacasa & Partners

■ 山野の景色を切り取る小さな坪庭

高さ250mmの鉄板枠で仕上げた

ワークスペースからの坪庭の景

浴室からの坪庭の景　©Masato Kawano / Nacasa & Partners

　カウンター状のワークスペースからも見える、細長い長方形の庭。ワークスペースからは庭の背景に壁を設け、完全に囲われたプライベートガーデンになっている。ワークスペースから浴室が見えないように**ハイノキ**の常緑樹の配置に気を配っている。

　バスコートとワークスペースの2方向から視線が合わない景色をつくるため、植栽帯を一段高めに設定した。圧迫感のないよう、長方形の庭にエッジの効いた高さ250mmの鉄板枠を一回り小さく見切り、内側に植栽スペースを設け山野の景色を切り取ったかのようにデザインした。

　植栽は背の高いものから**アオダモ**、**ナツハゼ**、**ハイノキ**などを配し、下草に**ハラン**、**ベニシダ**などを植えた。配置は室内からの見えを確認しながら決めていった。

CASE 03

ケヤキ

1 本 の 木 を 選 び 抜 く "疎" の 景

1980 年代に開発された地区に建つ 3 人家族がす
む RC 造の 2 階建の住宅。白い壁が印象的なファサー
ドの庭と、玄関ホールの庭とリビング・ダイニング・
キッチンから眺める中庭がある。外に向けた窓は一
切ない内に開くプランニングを活かし、庭も一面の
白い壁に映えるシンプルなものを心がけた。

N Residence

所在地　　：岐阜県岐阜市
構造／階数：RC 造 2 階建
家族構成　：夫婦＋子
竣工　　　：2006 年
敷地面積　：222.03m²
建築面積　：113.41m²
建築設計　：GA 設計事務所

ファサードの庭｜美しい樹形のケヤキ

☎ **ファサードの庭**

■ 1本のケヤキで魅せる

　駐車スペースと居住部の間の植栽スペースには、1本の**ケヤキ**を植栽した。この1本の木で住宅の中心となる景色が決まってしまうため、樹木の選定はかなりの時間を要した。ようやく選んだ**ケヤキ**を植えた後も、枝の1本1本を引き立たせるため竹の棒を使用して枝を広げる処置を施した。

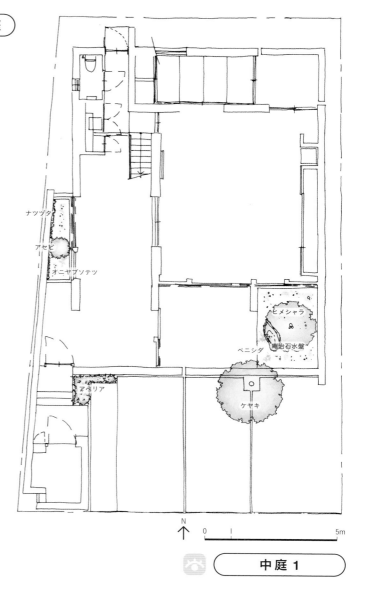

竹の棒を使用した樹形の矯正

N
↑　0　　　1　　　　　　　　　5m

☎ **中庭 1**

■ 樹形へのこだわり

　白い壁に囲まれた庭は、普段見ている緑や空のディテールが際立つ。それと同時に庭の背景が重要だということにも気づかされる。**ヒメシャラ**は直射日光に当たりすぎるとてっぺんから順に枯れ下がる。標高 800m 以上に自生する**ヒメシャラ**のような樹種は、寒冷な環境の、バクテリアがあまり動かない土を好む。できるだけそうした環境に近づくよう、少し酸性の土を使って土が肥えないようにしている。

　ツツジの仲間で例を挙げると**サツキ**、**ヒラドツツジ**は万能型。**ヤマツツジ・ミツバツツジ・ナツハゼ・ブルーベリー**などは土を酸性にしてやるといい。

　作庭より 10 年以上経つが、**ヒメシャラ**もいい具合に成長してくれている。

壁を挟んで植栽したヒメシャラ（左）とケヤキ（右）

ケヤキ

ヒメシャラ

庵治石水盤

ベニシダ

中庭｜ヒメシャラと足元にある庵治石の水盤

ヒメシャラと水盤の潤い

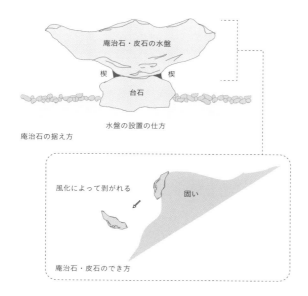

庵治石・皮石の水盤

楔　楔

台石

水盤の設置の仕方

庵治石の据え方

風化によって剥がれる

固い

庵治石・皮石のでき方

ケヤキ背後の壁越しには中庭があり、1本のヒメシャラの木を植えている。落ち葉が多いケヤキは、たまに厄介者にされることがあるが、樹形の美しさにはだれもが頷く樹形だ。ヒメシャラも同様に、苦労して美しい1本を見つけることができた。直射日光に弱く枯れやすいヒメシャラにとって、壁の反対側のケヤキは日よけの役割も果たしている。ヒメシャラの足元には、庵治石の皮石で水盤を設けた。水を張った時に多少水面に枝がかかるような距離感にしている。庵治石の水盤に添えるようにベニシダを植え、四周は庵治石の砕石を敷き水盤との統一感を出している。庭主の趣味は生け花で、この庵治石の水盤に水を張り花を生けることができる。土台になる石を据えてから石を配置すると、水盤の形にもよるが、石の量感が際立ちシルエットもよく見える。ちなみに庵治石は、彫刻家のイサム・ノグチも好んで使っていたという。

小さな中庭に合わせたスリムなアセビ

ナツヅタ

アセビ

オニヤブソテツ

庵治石の砕石

玄関の景をつくるすらりとした樹形のアセビと足元のオニヤブソテツ

玄関を開けてすぐに見える小さな庭の植栽は、幅の狭いスペースに適したアセビを選んだ。足元にはシダの仲間のオニヤブソテツを添え、中庭と同じく庵治石の砕石で仕上げた。背景となるRC塀を緑化したいという庭主の意向があったので、ツル植物のナツヅタをひっそりと植えて少しずつ壁を覆っていくようにした。

ツタを植えるときは必ず庭主に徐々に成長することを確認しておきたい。剪定に行った時もその度に剪定の意向を伺っている。ナツヅタは白い壁の塗装を壊してしまうので、打放しコンクリートの方に這うように植えている。

アセビは幹や枝ぶりを葉が覆い隠してしまう樹形が多いものの、スリムで美しい1本が見つかったので、シンプルにその佇まいを見せる計画にした。オニヤブソテツを、株の近くに植え、風景を引き締めた。

スリムな樹形のアセビ

CASE 04

コハウチワカエデ
開口の景色

エントランスに導くアーチ

小窓の景色をつくる

ツリバナ

カツラ

アベリア

アガパンサス

ヒメクチナシ

ギボウシ

アベリアホープレイス

小さな木立で誘う切妻屋根へのアプローチ

美しいケヤキの並木道に面する木造2階建の住宅。
間口が狭く奥行きのある敷地に、切り妻屋根の家型
フォルムが印象的な住宅。ファサードの庭のほか、
リビング・キッチン・ダイニングの3方向から眺め
られる中庭と、お風呂に小さなバスコートがある。
各部屋の開口から鮮やかな緑が目に飛び込む風景を
魅せるように計画した。

I Residence

所在地　　　：岐阜県岐阜市
構造／階数　：木造2階建
家族構成　　：夫婦＋子3人
竣工　　　　：2013年
敷地面積　　：159.49m²
建築面積　　：86.61m²
建築設計　　：GA設計事務所

切り妻屋根が印象的なファサードの庭

シンボルとなる木の根締め
駐車場コンクリートを和らげる

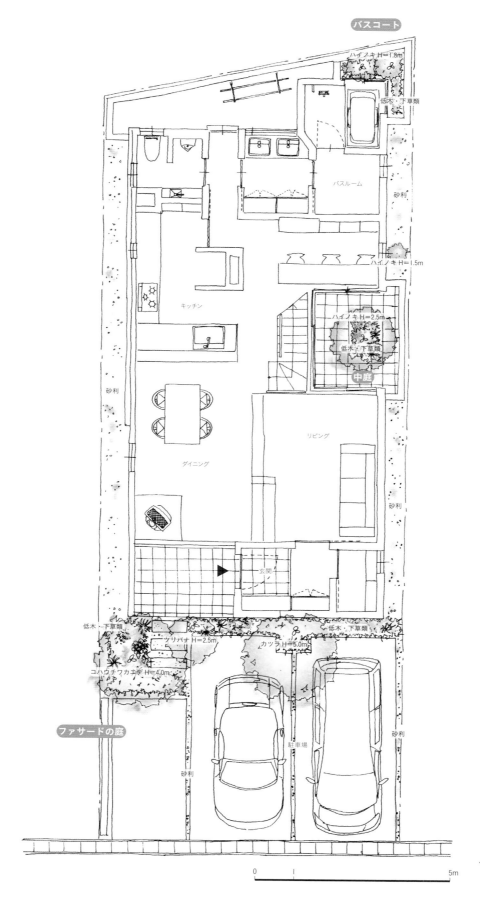

バスコート

ハイノキ H=1.8m

低木・下草類

バスルーム

砂利

ハイノキ H=1.5m

ハイノキ H=2.5m

低木・下草類

中庭

キッチン

砂利

リビング

ダイニング

砂利

玄関

低木・下草類

ツリバナ H=2.5m

カツラ H=5.0m

低木・下草類

コハウチワカエデ H=4.0m

ファサードの庭

駐車場

砂利

砂利

砂利

0　　　1　　　　　　　5m

N

▬ 奥へ誘い込む彩り豊かなアプローチ

　縦長の切り妻フレームに切り取られた玄関を彩る庭。向かって右手の駐車・駐輪場の後部と建築の際に植栽スペースが設けられた。縦長のファサードに似合う高さ5m強の**カツラ**の木をメインとし、低木・下草類の植栽スペースが雁行しながら玄関まで誘い込むアプローチとなっている。低木・下草類は**アベリア**、**アガパンサス**、**アベリアホープレイズ**、**ヒメクチナシ**、**ハイビャクシン**などを植えた。庭主が花好きなため、花が咲く植物を多く植えている。

　駐車場と玄関ポーチには500mmほどの段差があるので、アプローチ部分は盛り土とし、厚みのある**大谷石**で階段をつくっている。階段脇もアプローチと同じ低木・下草類で覆った。ファサードには目線より少し高いところにコーナー窓が一つと、玄関ポーチの上部にはめ殺しの採光窓が一つある。低い位置には**ツリバナ**を植え、高い位置には隣地の建物の目線を遮るため、片枝の**モミジ**を植えて窓辺の景色をつくっている。

ファサード立面図

ファサードの庭

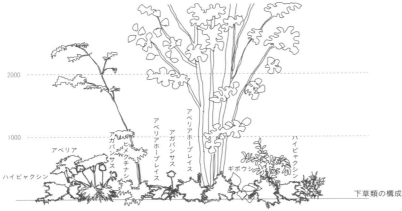

2000

1000

アベリア
ハイビャクシン
アガパンサス
ヒメクチナシ
アベリアホープレイズ
アガパンサス
アベリアホープレイズ
ギボウシン
ハイビャクシン

下草類の構成

まちの並木を借景としてつなぐ

室内から見ると、**コハウチワカエデ**や**ツリバナ**の奥に街路の大きな**ケヤキ**並木が背景として連なる。高原を思わせる**カツラ**が、涼しげな木立の景色をつくる役割を担っている。**ケヤキ**も**カツラ**も冬場は葉が落ちてしまう落葉樹なので、下草類は冬場でも葉を茂らせるものを選定している。

なお**コハウチワカエデ**の足元の割栗石は、斜面の土を止める役割も担っている。

コハウチワカエデ

割栗石

足元には緑がある冬の景色

日陰を逆手に取った引き算の空間

書斎からの中庭。ハイノキの眺め

　L字の書斎・階段室の3方向から見える中庭。三方を建築に囲まれ直射日光が入りにくいため、日影を好む常緑の**ハイノキ**を主役としている。小さな庭なのでフレーム状のタイル張り舗装とすることですっきりと余白を活かす引き算の庭とした。中央の植栽部分だけ土を入れている。低木や下草が溢れ出るように、目線を下げて景色をつくっている。低木は**ギボウシ**、**アベリア**、**アベリアコンフェッティ**、**ハイビャクシン**、**キンシバイ**など葉の形や質感、伸び方などの違いで多様な表情をつくる組み合わせとした。

■ 森の中のような入浴時間

バスコートは、バスタブに沿って設けられたL字の開口をオフセットするように、植栽スペースがL字にまわりこんでいる。目隠しの板塀が背景となり、バスタブに浸った状態で植栽が眺められるよう600mmほど盛り土をしている。

この庭も同じく日が入りにくいことを逆手にとり、背の低い**ハイノキ**を数本植え、すらりとした枝や葉で景観をつくった。

板塀を背に、すらりとした樹形のハイノキ

CASE 05

ナンテン

ヤマモミジ

野趣あふれる軒と枝の取り合い

　落ち着いた生活を望むご夫妻のための家。ファ
サードとアプローチ、中庭をもつ現代の数寄屋建築
としての趣を留意して、作庭を計画した。プライバ
シーを守る壁に縦格子の開口部が設けられ、向かっ
て左側の門を開けると玄関へのアプローチが現れ
る。向かって右側は格子の端が扉になっており、中
庭の動線となっている。

T Residence

所在地　　：愛知県名古屋市
構造／階数：S造一部RC造2階建
家族構成　：夫婦＋子2人
竣工　　　：2009年
敷地面積　：209.80m²
建築面積　：124.72m²
建築設計　：田中義彰/TSCアーキテクツ

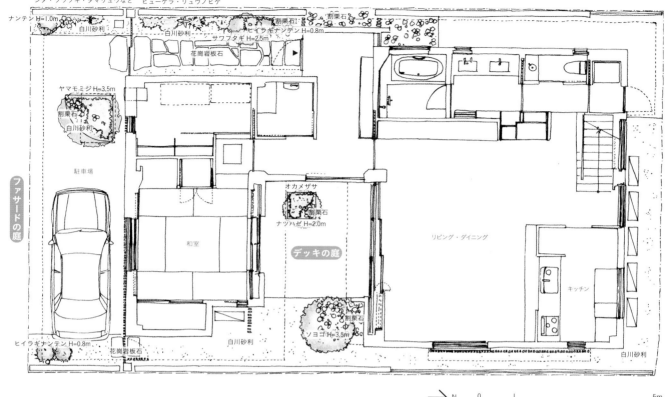

アプローチの庭

下草類
シダ・ツワブキ・タマリュウなど

下草類
ナルコユリ・キチジョウソウ・フイリヤブラン
フイリギボウシ・クリスマスローズ・フッキソウ
ヒューケラ・リュウノヒゲ

ナンテン H=1.0m
白川砂利
割栗石
割栗石

白川砂利
ヒイラギナンテン H=0.8m
サワフタギ H=2.5m
花崗岩板石

ヤマモミジ H=3.5m
割栗石
白川砂利

駐車場

ファサードの庭

和室

オカメザサ
割栗石
ナツハゼ H=2.0m

デッキの庭

リビング・ダイニング

キッチン

ヒイラギナンテン H=0.8m
花崗岩板石
白川砂利
ソヨゴ H=3.5m
割栗石

白川砂利

→ N   0   5m

☎ ファサードの庭

■ 重厚な軒の水平性、軽快な枝の垂直性

　駐車スペースを兼ねた深い軒があり、軒下に1本だけ木が植えられる植栽スペースがある。その植栽スペースの真上は軒がくりぬかれ、夜露があたる。依頼された当初、庭主は軒下に収まる樹木を要望していたが、立派な軒の下に収めるのは、樹木にも景色にも窮屈と考え、思い切って生き生きと軒を突き抜けるような**モミジ**を提案した。**モミジ**の株の上には軒の鎖どいを伝って雨水が流れ落ちてくる。植栽付近の土に暗渠排水を施し、雨量の多い日は余剰水を排水させている。また屋根の上に出る**モミジ**の枝は、屋根からの照り返しによって弱ってしまう危険があった。そのため幹だけでなく枝まで麻のテー

プを巻いて、幹や枝が焼けないように養生している。玄関への格子門の手前にも、門内のアプローチと同じ鉄平石を据え、入り口へと自然に誘うデザインとした。ファサードの両端にはRC杉板型枠の袖壁があり、隣地との境を明確にしている。袖壁だけの無機質なイメージを払拭できるよう袖壁沿いにも植栽スペースを設け、玄関脇は格子戸の手前と奥の庭を連続させた。また、裏鬼門という方角を考慮して吉祥の縁起木である**ナンテン**を配している。右側はメーター類や引き込みのポールへの視線を和らげるよう**ヒイラギナンテン**を配した。

サルスベリ

奥行きを
持たせる下草

ヤマモミジ
ファサードのシンボルになる植栽

ナンテン
領域を示す植栽
手前に置きアプローチへの
奥行きをつくる

割栗石

ヒイラギナンテン
領域を示す植栽

タマリュウ

ファサードの庭｜奥にはアプローチが見える　©Masato Kawano / Nacasa & Partners

 アプローチの庭

■ 野趣に富む露地奥の狭小空間

　露地奥の日陰でも育つような植物を選んで植えている。2.5m の**サワフタギ**の下には、幅 0.5m ほどの狭い範囲でも豊かでなリズムをつくるように、**ギボウシ**、**ヒューケラ**、**フッキソウ**、**リュウノヒゲ**、庭主の好む**クリスマスローズ**などを組み合わせた。

　舗装には中国の古材の大判の**鉄平石**を選んだ。格子門の手前に据えた大きな 1 枚は、周りが洗い出しなので 2mm ほどのチリを出すようにしている。奥に続くアプローチは幅の狭い石を組み合わせて、大きな延段（1 枚の面に）のように配置した。組み合わせた石と石の目地を

わざと広めに取ることで、石の凹凸を強調するデザインとしている。これにより、手前の大きな 1 枚石を引き立たせる効果もある。また、目地の色が浮かないように、目地の色に近い色粉を混ぜたモルタルで仕上げ馴染ませた。玄関扉近くは上部に軒がかかり日当たりが期待できなかったため植栽は施さず割栗石にした。

　大きさが異なる石の個性を活かしつつも納まりのいい配置を現地で検討しながらの位置決めは、自然の素材を扱う醍醐味である。

2000

サワフタギ

1000

ヒイラギナンテン

ナルコユリ

フイリヤブラン

フイリギボウシ

リュウノヒゲ

フッキソウ

フッキソウ

ヒューケラ

アジサイ

リュウノヒゲ

下草の構成

サワフタギ

ヒイラギナンテン

アジサイ

ヒューケラ

フイリギボウシ

リュウノヒゲ

フッキソウ

クリスマスローズ

アプローチの庭｜石の目地を広くした　©Masato Kawano / Nacasa & Partners

樹形を引き立てる背景としてのデッキ

和室とリビングをつなぐデッキ
©Masato Kawano / Nacasa & Partners

格子をくぐった先にはデッキの庭が現れる。コの字形に居室が囲み、リビングの奥には、中庭を眺めながら2階へ上る階段がある。手前の和室と奥のリビングはデッキを介して視線が交わる。

デッキの片隅に小さな植栽ベースをつくり、茶花にも利用する**ナツハゼ**を植え、足元は**オカメザサ**と割栗石で修景している。

木は"生え際"が美しいので、根元をいかに見せるかが重要だ。深植えせず、下草に配した**ササ**はこんもりと重くなりすぎないよう、割栗石で間引いている。建物にもよるが、通常はデッキの面と基礎の高低差に配慮する必要がある。下草がデッキに埋もれてしまうと、のぞきこまないと見えなくなることもある。今回は、木の生え際を見せるために植栽エリア直下にブロックを積み、デッキの施工前にデッキの仕上がりに合わせ地面の高さを約250mm 上げてもらった。景色に大きく関わる建築との取り合いは、施工前にしっかりとした打合せが必要になってくる。

なお、隣地側には常緑樹の**ソヨゴ**を配した。

コの字形のプランは採光が確保できる反面、隣家間のプライバシーに配慮する必要があるため、常緑樹を緩衝帯とすることが多い。和室の開口は奥行きが深くつくられているため、**ソヨゴ**は窓枠に切り取られた景にあまり主張せず枝が収まり、**ナツハゼ**にも品よく寄り添うものにした。

ナツハゼ（右）とプライバシーを守るソヨゴ（左）　©Masato Kawano / Nacasa & Partners

リビングからの景色を彩るデッキの庭のナツハゼとオカメザサ　©Masato Kawano / Nacasa & Partners

植栽帯と樹形のバランス

　デッキ庭の施工は設計者との事前打合せが欠かせない。たとえばデッキに植栽帯の穴を開けるとき、設計側が指定することもあれば、造園側で指定することもあるが、一度開いたら元に戻せないからだ。植える木をどこまで成長させたいか、その大きさや樹種によっても根の張り方や必要な土の量、深さが変わってくる。今回は植栽帯としてくり抜いたスペースからあまりはみ出さない品の良い木を選んだ。**ナツハゼ**はツツジ科なのであまり大きくならず、根元はすっきりとしたまま枝は上部でジグザクと横に向かって広がる、シルエットや枝ぶりが綺麗な木である。

　なお、**ナツハゼ**は酸性土壌を好むため、酸性の鹿沼土を入れている。土の中のバクテリアが活性化しないように、土を酸性にし、ストレスをかけてバクテリアの繁殖を抑えるためである。

CASE 06

ナツハゼ

ヤマモミジ

タカノハススキ

木曽石

タマリュウ

石と鉄で修景する段差と動線

鴨川沿いの閑静な住宅街にあるアーティストの住宅兼ギャラリー。河岸にサクラやエノキの大木の並木があり、住宅が面する通りも毎朝だれかが掃き掃除をしている光景が見られる緑豊かな環境である。ファサードの庭、アプローチの庭、主庭、バスコートをもつ。庭の各所で使用した石材は土留め、階段、飛び石、蹲、雨落ち、地面の修景とさまざまな用途として石を用いた。

玄以の家

所在地　　：京都府京都市
構造／階数：RC造3階建
家族構成　：親夫婦＋子夫婦＋子2人
竣工　　　：2008年
敷地面積　：386.21m²
建築面積　：151.55m²
建築設計　：タオカ建築設計事務所

コグマザサ

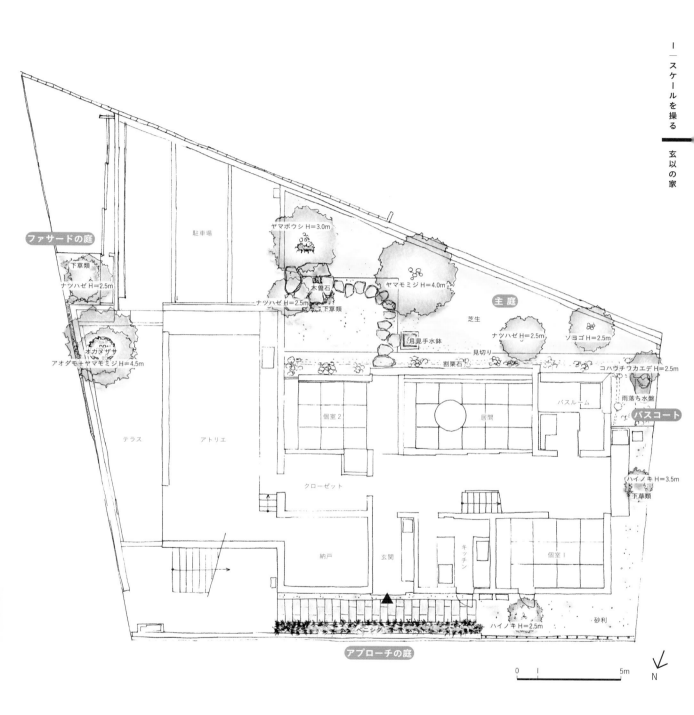

主庭｜高低差のあるアプローチと周囲の植栽

47

段差を活かしたシークエンスと回遊動線

主庭｜木曽石の土留と階段のアプローチ

主庭の飛び石には、アプローチのアイストップになる位置に主役となる大きな**ヤマモミジ**を植えた。周囲に**ナツハゼ**や**ヤマボウシ**、常緑の**ソヨゴ**も点在させている。

今回最も難しかったのは駐車スペースから主庭へのアプローチだ。700mmほどの高低差を活かしつつ趣ある客間へのアプローチとするために試行錯誤した。居住部へのアプローチは、年月を感じさせるテクスチャーがある**木曽石**を使おうと考えていたので、階段も同じ**木曽石**で構成することにした。階段には700mmの段差を維持する土留めの機能ももたせている。土留のための石と、踏み石にする石との間は植物や石で修景した。

自然形態の石はどう庭に映えるのか、搬入前に仮組みしてシミュレーションをしてから現場へと持ち込んだ。**木曽石**は、岩盤を切り出すのではなく、ごろごろとした形のものを採石する。そのため、表面には風化した風合いが残り、自然と_コケ_がつくなどの利点がある。

階段の脇には**ナツハゼ**を植え、アプローチを行く人が木をくぐる体験を狙った。段差部分には生け花を嗜む庭主からの要望で、葉に模様がつく**タカノハススキ**を植えている。

ヤマモミジ

ナツハゼ

木曽石

月見型手水鉢

割栗石の雨落ち

メインのモミジと木曽石の飛び石、割栗石の雨落ち

壁越しに公私の景色をつなぐ

前面には傾斜があり、幅員の広い道路が面している。白い漆喰の壁は道路から150mmほど控えてあったので、壁と道との間にできた細いスリットに**タマリュウ**を植栽した。道路境界から壁面をわずかにセットバックさせ、まちとの間に少しでも豊かな緑の間をつくるだけで、まち並みは格段と豊かになる。道路沿いの車庫には、出入り口のコーナーに美しい樹形の**ナツハゼ**を植栽した。**ナツハゼ**の足元には**コグマザサ**で根締めの植栽をしている。漆喰塀の内側には１カ所、土間を丸く抜いた植栽スペースがあったので、**アオダモ**と**モミジ**が１株になった山採りの雑木を植えている。この雑木は道路沿いの景観としても塀越しに枝葉を出している。白い壁に面しているテラス奥の内部はギャラリーになっており、室内からも、手前にある**アオダモ・モミジ**と街道沿いの緑を両方楽しむことができる。

車庫の脇に添えたファサードを彩るナツハゼ

地に馴染む時間を見せる

エイジング加工したアプローチの御影石

住宅へのアプローチは、**御影石**の板石を使った。建築の落ち着いたイメージに合うように風合いのある古材の板石を使いたかったが、古材は同一寸法で手に入れることが難しい。規則的にまっすぐ収められるように、新品のノミ切り仕上げの**御影石**を用いつつも、角や表面を削るエイジング加工を施して風合いを出すよう一手間加えている。

また、**御影石**同士の隙間の目地に**コケ**を植え「地に馴染む時間」を表現している。**コケ**は自然に生える場合もあるが、新しい庭はあえて植えていることも多い。

アプローチの脇には**ベニシダ**を植栽し、石に合うしっとりした味わいにした。

見切りのつくりかた、飛び石のしつらえ

主庭｜月見型の創作手水鉢。

客人が庭から直接和室に入れるように**木曽石**の飛び石を配している。飛び石の脇には、手水鉢を置いた。この手水鉢は月見型手水鉢で、石造宝塔の笠石を逆さ使いにし月型の意匠を施した創作のものである。

主庭には、排水や土留めのための見切りの鉄板を各所に仕込んでいる。

雨樋がない場合は庭に直接雨が落ちるため、軒先のラインに沿って地面に見切りの鉄板を入れ、雨落ちとなる部分に割栗石を敷き詰める。雨落ちの機能と住宅と庭を隔てる結界の機能を兼ね備えた。割栗石のサイズは大小賛否あったが、割栗石で庭に表情が付き、かつ透水性が良く、また見切るからには砂利や**芝生**のもつ細やかな質感と差を出すことを選び、大きいものを使用した。

なお余談だが、庭主から「蹲（つくばい）の下の砂利は色や形を変えたほうがよかったね」と言われたのは今も悔やまれる。黒にして引き締める、丸くするなど、金属で見切った効果をもっと活かせたはずである。

雨水さえも景色にする

　主庭の奥につながるバスコート。たくさん雨が降る時は、軒から雨が滝のように水が落ちる仕掛けとしている。下には雨水を受ける**木曽石**を据えている。雨によって石が削り取られた雰囲気を出すために、水が溜まる形態に加工している。作為的に石を削るよう石工に要望し、無作為に見える景色をつくり出すこともある。石の横には**コハウチワカエデ**を添えた。

　バスルームの開口はコーナー部で直角に交わり、すべて開け放てるようになっている。広い視野で庭を鑑賞できる建築家の工夫である。

バスルームから見える木曽石の水盤

木々のレイヤーで奥行を増幅させる

閑静な住宅街にある RC 造 2 階建の 2 世帯住宅である。白い矩形のボリュームが水平に伸び、車庫・中庭塀・住宅と三つの層が重なって多彩な奥行きが生まれていた。駐車場のあるファサードの庭、居住空間から見える中庭、裏庭の大きく三つの庭から構成されている。RC 造のどっしりとした建築を植栽の柔らかな印象が引き立てるよう意識した。

F Residence

所在地 ：岐阜県岐阜市
構造／階数：RC 造 2 階建
家族構成 ：親＋夫婦＋子
竣工 ：2014 年
敷地面積 ：558.14m²
建築面積 ：283.28m²
建築設計 ：GA 設計事務所

シマトネリ

CASE 07

アオダモ

アオダモ

アオダモ

ツリバナ

アオダモ

ヒメクチナシ

ファサードの壁面構成に柔らかな植栽が融合し、中庭からも高木が顔を出すことで奥行きが生まれている　©Masato Kawano / Nacasa & Partners

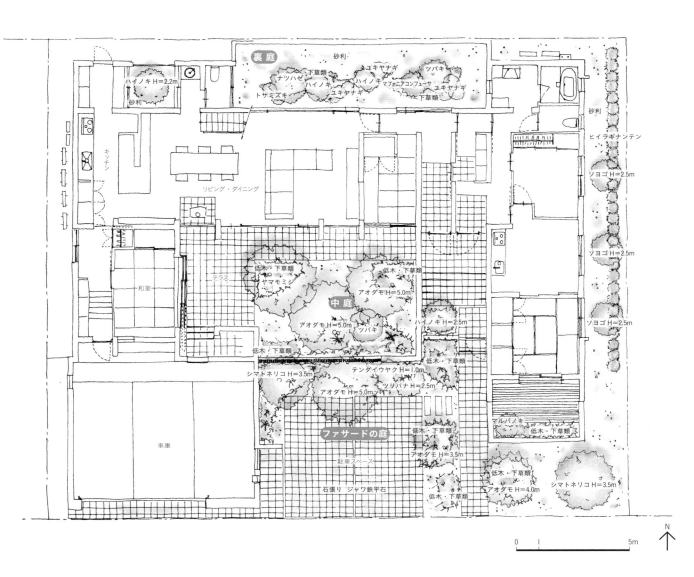

裏庭

砂利

ハイノキ H=2.2m
砂利

ナツハゼ　下草類
トサミズキ　ハイノキ　ユキヤナギ　マフォニアコンフューサ　ツバキ
ユキヤナギ　ハイノキ　ユキヤナギ
下草類

砂利
ヒイラギナンテン
ソヨゴ H=2.5m
ソヨゴ H=2.5m
ソヨゴ H=2.5m

キッチン

リビング・ダイニング

和室

テラス

低木・下草類
ヤマモミジ
中庭
アオダモ H=5.0m
ツバキ
アオダモ H=5.0m
低木・下草類
ハイノキ H=2.5m
低木・下草類

シマトネリコ H=3.5m
テンダイウヤク H=1.0m
アオダモ H=5.0m
ツリバナ H=2.5m

ファサードの庭

低木・下草類
アオダモ H=3.5m
低木・下草類
マルバノキ
低木・下草類

車庫

駐車スペース
石張り ジャワ鉄平石
アオダモ H=4.0m
シマトネリコ H=3.5m

N

0　1　5m

中庭のレイヤーで奥行を出す

　エントランス脇には露天の駐車場が2台分ある。白い外観が特徴的だが、シャッターパネルや木塀、ルーバーはダークトーンの木材が対比的に使われていることから、駐車場とアプローチの土間も茶系の鉄平石を張った。駐車場の奥と脇、外壁の端部の足元、のっぺりと見えてしまう木塀の前に植栽を設けた。植栽は高木の**シマトネリコ**や**アオダモ**、低木は**アセビ**や**ヒメクチナシ**を配している。

　中庭には塀から枝が顔を出すように高さ5mの**アオダモ**を植えてファサードの表情に奥行きを与えている。
　門扉の奥にある階段脇の日陰スペースには、影が好きな**ハイノキ**を植えた。アプローチの下草には**ヒメクチナシ**を群で植え、花の香りを楽しむことができるようにした。**クチナシ**には害虫のオオスカシバなどの幼虫がついてしまうこともあるので、こまめに消毒するなど手入れが必要になる。

アオダモ

ハイノキ

アオダモ

ヒメクチナシ

ファサードの庭｜アプローチのハイノキ（奥の暗いところ）、手前の左右はアオダモ　©Masato Kawano / Nacasa & Partners

■ 室内に飛び込むような樹形

　L字の中庭は、和室・キッチン・ダイニング・リビングの各部屋から眺める庭となる。大きく三つの島に分けてその間を歩けるようにしている。

　ファサードに顔を出す背の高い**アオダモ**に加えて、**モミジ**も植えた。1階の室内からは**アオダモ**の美しい白い斑点の幹肌を、2階の窓からは枝葉を楽しめる。反対に**モミジ**は1階から秋の紅葉を楽しめるよう、5mの大木でありながら下枝のあるものを選び、枝の周りを歩いて楽しめる動線とした。また、**モミジ**はできるだけ室内近くに配置するため、外壁に当たらない片枝の樹形を探し

た。ただ2本とも落葉樹であるため冬の庭も寂しくならないよう、白花の**ツバキ**（常緑樹）を植えて配慮している。あえて斜めの樹形のものを選び、和室へ飛び込んで見えるようにした。低木・下草類は**マフォニアコンフューサ**、**ヒメクチナシ**、**アベリアコンフェッティ**、**キチジョウソウ**、**ギボウシ**、**ハラン**などを寄せ植えしている。庭主から**コケ**を配してほしいとの要望があったので、明るく爽やかな色合いの**スナゴケ**も一部使っている。

和室側から見る中庭。手前にモミジ、奥には片枝のツバキを植えた

ヤマモミジ

アオダモ

ヤマブキ

ツワブキ

ベニシダ

アオダモ

フクジソウ

シュンラン

キチジョウソウ

アベリアコンフェッティ

ギボウシ

背の高いアオダモ、広がりのあるモミジ、ツバキやヤマブキ、下草と縦にもレイヤーがある植栽の組み合わせ

━ 和の要素をできるだけ自然に溶け込ませる

和室より中庭を望む　©Masato Kawano / Nacasa & Partners

和室からも見える島には、**ツバキ**や**コケ**をはじめとした和の要素も取り入れているが、庭全体としては和・洋こだわらず、**アオダモ**と**モミジ**のバランスを考えながら計画している。

「**コケ**と**モミジ**を植えてほしい」という庭主の要望を受け、最初期に検討したのは**コケ**の配分であった。**コケ**は潤いを生むが手入れも大変になる。そこで適度なアクセントとなるよう下草を植え、その隙間を有効活用して**コケ**を混ぜている。**コケ**の薄い緑と下草の濃い緑の混色で豊かな色合いが生まれ、手入れもしやすくなる。なお**スナゴケ**は、日が当たっても育つ種類で、日蔭の少ない庭にも適している。

グランドカバーを**芝生**にする案もあったが、管理が行いやすいため地面には砂利を敷いている。**モミジ**や**アオダモ**といった大木が茂り日当たりが悪くなると**芝生**の育ちも悪くなるためである。

低木の樹種も和洋を問わないよう気を配っている。たとえば、**ヒイラギナンテン**ではなく**マホニアコンフューサ**を選ぶことで同じ**ナンテン**でも、随分と様式にとらわれない趣きをつくることができる。

━ 着座の目線を帯状の緑地で彩る

玄関ホールからリビング・ダイニングに続く細長い地窓から見える庭。地窓の高さは1階床から1100mmほど立ち上がり、ソファや椅子に座った目線を想定している。隣地との境界は板塀で囲い、庭の背景を整えている。細長いスペースには、**ツバキ**、**ハイノキ**、**トサミズキ**、**ユキヤナギ**、**マフォニアコンフューサ**などを植えた。ジグザクに光を求めて「くの字」に枝が伸びる**トサミズキ**は、植える際に広がる向きを考えて寄せるとバランスがよい。

目線を下げる低木類も配植し、地面には**キチジョウソウ**、**ハラン**、**コケ**類などを寄せ植えをした。

なお中庭と裏庭はリビンク・ダイニング・キッチンから双方の庭を望むため、植栽以外の地面を同じ砂利で統一し連続した眺めをつくれるよう計画をした。この地窓のように室内空間と一体となった庭の見せ場は庭師の勝負どころである。

両サイドに庭を感じることができる
©Masato Kawano / Nacasa & Partners

リビング・ダイニングの地窓から、裏庭のトサミズキや
背の低い下草類を見せる
©Masato Kawano / Nacasa & Partners

裏庭｜細長いスペースに中庭とつながる植栽をした

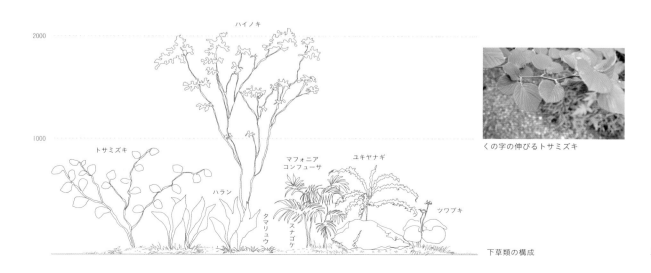

2000

ハイノキ

1000

トサミズキ

ハラン

タマリュウ

ナナカゴケ

マフォニア
コンフューサ

ユキヤナギ

ツワブキ

くの字に伸びるトサミズキ

下草類の構成

CASE 08

シラカシ

ツリバナ

アオダモ

マルバノキ

ヤマブキ

アオダモ

アオダモ

タカノハススキ

タカノハススキ

景色の断片を散りばめて暮らしを彩る

　3人家族が暮らす木造2階建。交通量の多い前面道路とのバッファーとしての庭、リビング・ダイニングからの庭、玄関の庭・和室からの庭がある。庭主の要望と建築家のプランによって、生活の各シーンから庭を感じることができる。全体の統一感をもたせつつも各シーンによって違う雰囲気になるように庭を提案した。

平屋建てのコートハウス

所在地　　　：愛知県
構造／階数：木造2階建
家族構成　：夫婦＋子
竣工　　　　：2015年
敷地面積　：611.89m²
建築面積　：186.32m²
建築設計　：Architect 6

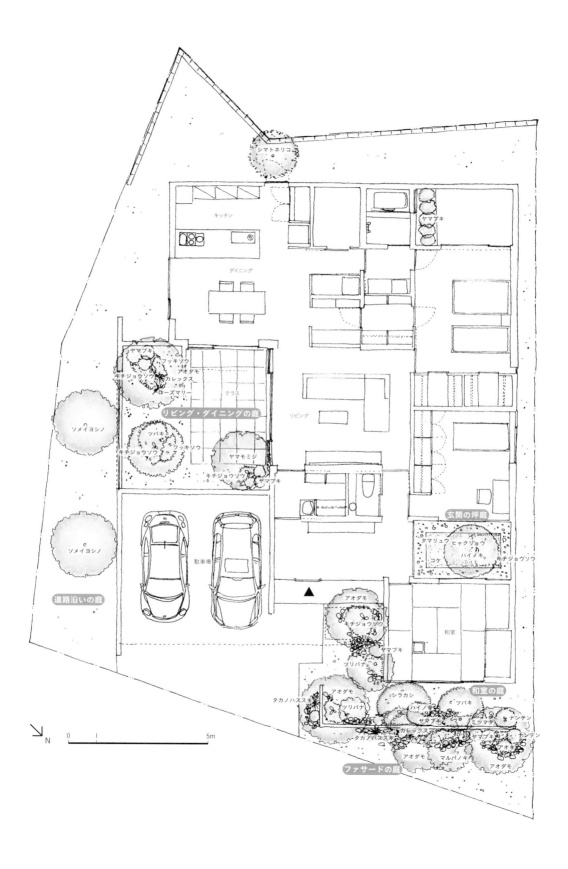

キッチン

ダイニング

ヤマブキ

シマトネリコ

ソメイヨシノ

ヤマブキ
フッキソウ
アオダモ
キチジョウソウ　カレックス
ローズマリー
テラス
リビング・ダイニングの庭
リビング
ツバキ
キチジョウソウ　フッキソウ
ヤマモミジ
キチジョウソウ　ヤマブキ

ソメイヨシノ

道路沿いの庭

駐車場

玄関の坪庭

タマリュウ　ヒャクリョウ
コケ　ハイノキ　キチジョウソウ

▲

和室

アオダモ
キチジョウソウ
ヤマブキ
ツリバナ

和室の庭

タカノハススキ　アオダモ
ツリバナ　シラカシ
ハイノキ　ツバキ
タカノハススキ　カレックス　ヤマブキ　ミツマタ　ナンテン
ナンテン
アオダモ　マルバノキ　ヤマブキ　アオダモ

ファサードの庭

N
0　1　　　　　　5m

袖壁を挟み両側にあるファサードの庭と和室の庭

■ 袖壁を挟み 2 方向から楽しめる景色

玄関ポーチ手前の吹抜けの植栽帯

タイル張りの玄関ポーチに向かってピンコロ石張りの舗装を施し、南面道路と建物との間の袖壁は高さ約 1500mm の杉板型枠の打放しコンクリートが 7m 伸び、袖壁の手前と奥に植栽スペースがある。

奥は和室の地窓からの眺めをつくり、打放しコンクリートの袖壁は水平方向の広がりを強調する効果的な背景となっている。また、袖壁の前後に高木を植えることで、限られた面積でも豊かな奥行きをもたせている。

袖壁には、足元に沿うように低木、下草、砂利敷きを組み合わせて配置している。砂利敷きは、単調にならないように少し大きなサイズの割栗石を混ぜ、強弱をつけながら配した。

玄関ポーチの手前のスペースは通常軒下になる場所だが、庭になる部分の軒だけ、吹抜けにしてある。建物の際まで植栽を配置できるようにと、建築家の配慮が嬉しい。ガラス張りの廊下からも緑が楽しめる空間となった。

■ 動きのある樹形を活かす

ファサードの庭には、高木ですらっと伸びた**アオダモ**を 4 本配した。量感のある白い外壁と対比的に、軽やかでのびのびとした樹形のものを選んだ。加えて目線の高さに葉がある、**マルバノキ**、**アオキ**、**ナンテン**を、下草類は、**カレックス**や生け花にも使用できる**タカノハススキ**を選んだ。

のびのびと育つアオダモのあるファサード

常緑樹越しの採光がつくる落ち着き

曲がりがあり大きく枝を伸ばすツバキ

和室の庭はファサードの袖壁裏側に面しており、低いところに曲がりがあって枝が大きく広がる**ツバキ**、株立ちの**シラカシ**で景色をつくっている。袖壁の外側に植えた落葉樹の明るいイメージに対して、内側となる和室の庭は、部屋の雰囲気に合わせ、常緑樹の**ツバキ**や**シラカシ**などを中心に、落葉樹の**ツリバナ**を加えた。常緑樹を多く配分しつつも落葉樹を混植することで、和室内の光を和らげ落ち着きある雰囲気をもたせた。低木は**ミツマタ**、**ヤマブキ**を背景になる袖壁に沿わせ、下草類は**キチジョウソウ**を入れて低い場所の景色をつくった。

ツバキ
ヤマブキ
シラカシ
ミツマタ
キチジョウソウ

袖壁によって見せ場をつくりやすくなった和室前の庭

■ ステンレス板でシャープに見切る山野の景色

　玄関正面にある坪庭。嵌め殺し窓なので、窓枠のないクリアに切り取られた庭を見ることができる。人を迎え入れる一番最初の景として**ハイノキ**を選び、山野を切り取ったかのような景色をつくった。

　なお、木造の中庭は基礎の巾木を隠しつつ、排水を確保するため、割栗石を敷き、巾木を見せないようにした。また、中央にくる植栽帯に150mmのステンレス枠の見切りをつけ、盛り土をしている。そうすることで室内と庭の高低差を抑え、一体感を得られる。

　主役となる木は**ハイノキ**1本として、**キチジョウソウ**、**ヒャクリョウ**、**タマリュウ**をパッチ状に配し、余白に**コケ**を植えた。

　見切りは機能的な必要性だけでなくデザイン的にも有用である。額縁に切り取られた山の風景画のような効果も生まれる。

玄関の正面に位置する坪庭

背景を整え木々を引き立てる塀

　Ｌ字状のリビング・ダイニングに面した庭は、プライバシーを守るため高さ3.5mの塀で囲まれている。この白い塀は庭の木々の姿をはっきりと見せる背景としても、重要な役割を担っている。大部分が、フロアレベルのタイル張りテラスで、屋外に家具を置いてくつろげるスペースにもなっている。このテラスをＬ字に囲むように、白い壁に沿って**モミジ**や**アオダモ**、**ツバキ**で景色をつくっている。

　低木や下草に**ヤマブキ**、**ヒイラギナンテン**、**キチジョウソウ**、**フッキソウ**、色を入れるため斑入りのカレックスを混ぜた。キッチンから摘み取って料理に使える**ローズマリー**も植えている。

白い塀に囲まれ樹形がよく引き立つ

まち並みに寄与するサクラの庭

　比較的交通量の多い道路に面しており、道路から距離を取るためにも植栽スペースが確保されていたため、そこに**ソメイヨシノ**を2本植えている。**サクラ**の木は虫がつきやすく住宅の庭には使われにくいが、塀に囲まれた居住空間とは隔離された区画を好条件と捉え、あえて**サクラ**の木を植えた。庭主からも、家の1軒1軒がまち並みをつくるという理解を得て植えることができている。まちの景色として大きく育ってくれることを願っている。

クライアントのインスタグラム投稿。日常の景色となっている

CASE 09

高木の列植で厚みのある陰影をつくる

　高台の緑豊かで閑静な住宅地に立地する RC 造 3 階建の住宅。1 階エントランス部分に車庫への進入路と駐車スペースを兼ねたオープンスペースがあり、その余白にあるファサードの庭、2 階リビングからの眺めをつくる玄関前のアプローチの庭、ダイニングキッチンから水盤を眺められる主庭、小さなバスコートと四つの庭をつくった。

名古屋の家

所在地　　：愛知県名古屋市
構造／階数：RC 造 3 階建
家族構成　：夫婦＋子 3 人
竣工　　　：2016 年
敷地面積　：330.56m²
建築面積　：97.62m²
建築設計　：GA 設計事務所

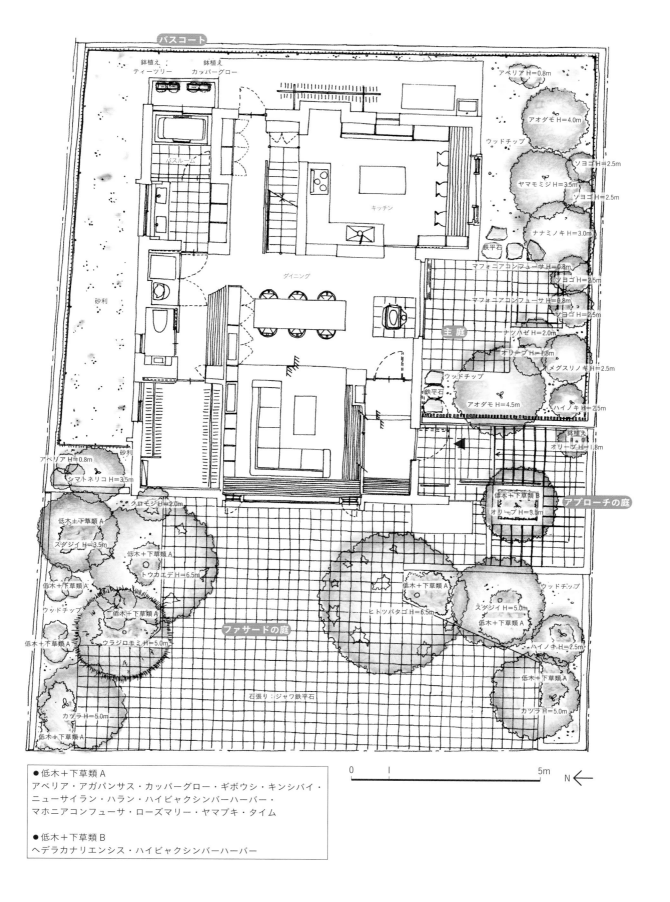

バスコート

鉢植え
ティーツリー

鉢植え
カッパーグロー

アベリア H＝0.8m

アオダモ H＝4.0m

バスルーム

ウッドチップ

ソヨゴ H＝2.5m

ヤマモミジ H＝3.5m

ソヨゴ H＝2.5m

キッチン

ナナミノキ H＝3.0m

鉄平石

砂利

ダイニング

マフォゴアコンフューサ H＝0.8m

ソヨゴ H＝2.5m

マフォユアコンフューサ H＝0.8m

ソヨゴ H＝2.5m

主庭

ナツハゼ H＝2.0m

オリーブ H＝1.8m

メグスリノキ H＝2.5m

ウッドチップ

鉄平石

アオダモ H＝4.5m

ハイノキ H＝2.5m

鉢植え
オリーブ H＝1.8m

砂利

アベリア H＝0.8m

シマトネリコ H＝3.5m

低木＋下草類 B
オリーブ H＝3.5m

アプローチの庭

クロモジ H＝2.0m

低木＋下草類 A

スダジイ H＝3.5m

低木＋下草類 A

トウカエデ H＝6.5m

低木＋下草類 A

スダジイ H＝5.0m

ウッドチップ

ウッドチップ

低木＋下草類 A

低木＋下草類 A

ヒトツバタゴ H＝6.5m

低木＋下草類 A

低木＋下草類 A

ファサードの庭

ハイノキ H＝2.5m

ウラジロモミ H＝5.0m

低木＋下草類 A

石張り：ジャワ鉄平石

カツラ H＝5.0m

カツラ H＝5.0m

低木＋下草類 A

● 低木＋下草類 A
アベリア・アガパンサス・カッパーグロー・ギボウシ・キンシバイ・
ニューサイラン・ハラン・ハイビャクシンバーハーバー・
マホニアコンフューサ・ローズマリー・ヤマブキ・タイム

● 低木＋下草類 B
ヘデラカナリエンシス・ハイビャクシンバーハーバー

0　　　1　　　　　　　　5m

N ←

重厚感のあるファサードに負けない高木群　©Satoshi Shigeta

アオダモ　カツラ　トウカエデ　ハイノキ　ウラジロモミ　マホニア
コンフューサ　ヤマモミジ　ヒトツバタゴ　ヤマブキ　スダジイ

ティーツリー　ナツハゼ　アベリア　オリーブ　ナナミノキ　カッパーグロー　キンシバイ　メグスリノキ　シマトネリコ　ソヨゴ

主役となる植栽

トウカエデ

ウラジロモミ

カツラ

ボリュームの大きな木を選定した　©Satoshi Shigeta

建築の重厚感に負けない緑

濃いベージュの左官仕上げでどっしりとした印象をもつ建物と、駐車スペースを兼ねた**鉄平石**の石張りの土間が、共に重厚感を引き立てている。幹の細い華奢な樹木では建物の重量感に負けてしまうので、ボリュームと存在感のある高木を使った。単幹の太い樹木を多く選択し、6.5m近い高さの樹木は2階と3階の開口部から枝先が見えるようにした。将来さらに伸びやかな枝が開口部にたくさんかかるよう、枝張りのあるものを植えている。

正面右に**ヒトツバタゴ**、左に**トウカエデ**の2本の木を主役として両脇に配している。上階開口部からも楽しめる**ヒトツバタゴ**の白い花と**トウカエデ**の明るい緑色は、対比的な壁の地色を引き立てる。また、大きな木々のあ

る庭は、昔からこの地にあったような印象を与え周辺環境にも馴染みやすい。

　左右の道路際に向かって緩やかな傾斜があり、この勾配の影響で降雨時に限らず地中の水が両脇に集まってくることから、敷地両端には水を好む**カツラ**を配置した。

　地面は木々で木陰をつくりつつ、根元の根締めにさまざまな下草類を植えている。裸地になる場所にはウッドチップを敷き詰めて、地面の乾燥を防ぎながらも雑草を生えにくくするためのマルチングとしている。ウッドチップによるマルチングは柔らかな足触りも相まって、空間全体を森のように修景する効果もある。また「余白の地面」として、いつでも庭主好みの植物を植えることができる、フレキシブルな余地でもある。

 主庭

木洩れ日を拡散させる水盤

キッチンから見える庭　©Satoshi Shigeta

水盤断面図

　ダイニングからつながる石張りのテラスには、プールとしても活用できる水場がある。水面に張り出した枝や葉を映り込ませ、奥行きのある景色をつくる。建物の際に枝張りのある木を配置することで、水面、建物の壁やフロア、テラスなど室内外に木洩れ日を生み出すことができる。水場の木洩れ日は太陽の光と風の移ろいを可視化する。

　キッチンから楽しめる庭も同様に、**ソヨゴ**や**ナナミノキ**で背景を、**アオダモ**や**ヤマモミジ**で前景をつくることで、枝ぶりの美しさを見せることを意識した。主庭が隣地に面する部分はアルミ製の目隠しフェンスで背景をつくっているので、フェンス前には常緑樹の**ソヨゴ**を、**ソヨゴ**の枝が少ない部分は**マホニアコンフューサ**で補った。ダイニングから見たときの黒い目隠しフェンスの強い印象を和らげている。

主庭の水面に映る樹木の景色　©Satoshi Shigeta

ダイニングから見える主庭の景色　©Satoshi Shigeta

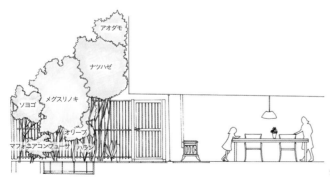

アオダモ

ナツハゼ

メグスリノキ

ソヨゴ

オリーブ

マホニアコンフューサ　ハラン

ダイニングから主庭への視線の抜け断面

鉢植えを見切ってつくる景色

洗面室とバスルームから庭を見る　©Satoshi Shigeta

プライバシーを守るため板塀で囲ったバスコート。奥行きが狭く、地面がコンクリートだったため、鉢植えの植栽を行っている。2種類の**メラレウカ**を植えた。白色の**シルバーティーツリー**と赤色の**カッパーグロー**を配し、色の対比を楽しめるようにした。

バスタブの高さと鉢植えの高さが同じなので、湯船に入ったときの目線は鉢が見えずに植物がアイレベルで見える。

植栽の線が細く印象が少し弱かったためか、後に他の鉢植えを足している。

アプローチの庭

無機質なコンクリートの印象を和らげる

低い位置から枝葉を楽しめるオリーブ

アプローチはコの字の階段となっていて、階段を上りながら**オリーブ**の枝ぶりを楽しめる。**オリーブ**は日当たりの良い環境を好み低い位置から枝が出る。植栽帯の位置が階段状になり根元付近に目線が行くため、少し高いところにあるこの場所に適している。下草類にはコンクリートの無機質な印象と対照的な**ヘデラカナリエンシス**、**ハイビャクシンバーハーバー**を植え将来、壁に下垂するようにした。

アプローチの階段は幅の広さを活かし、階段の踊り場に鉢植えの**オリーブ**を配した。アプローチの階段を上る際に見える**アオダモ**は主庭の存在を知らせ、ルーバー越しに奥に広がる主庭の期待感を高めている。主庭の**アオダモ**は、繊細な枝葉をもつので、木洩れ日を美しく見せ、ルーバーの上部で枝を広げるため、アプローチの庭としての役目を果たしている。

CASE10

ナツハゼ

ソヨゴ

キンモクセイ

コハウチワカエデ

ユキヤナギ

ジンチョウゲ

キチジョウソウ

細道空間を活かした緑のトンネル

主庭を兼ねたアプローチのある家。ファサードの車庫棟の中にある門から続くアプローチ。住宅の玄関まで長く奥行きのあるアプローチを庭として楽しめるよう、建築家が門から玄関までをデザインしている。

石畳のある家

所在地　　　：岐阜県岐阜市
構造／階数　：木造２階建
家族構成　　：夫婦
竣工　　　　：2010 年
敷地面積　　：248.99m²
建築面積　　：147.39m²
建築設計　　：GA 設計事務所

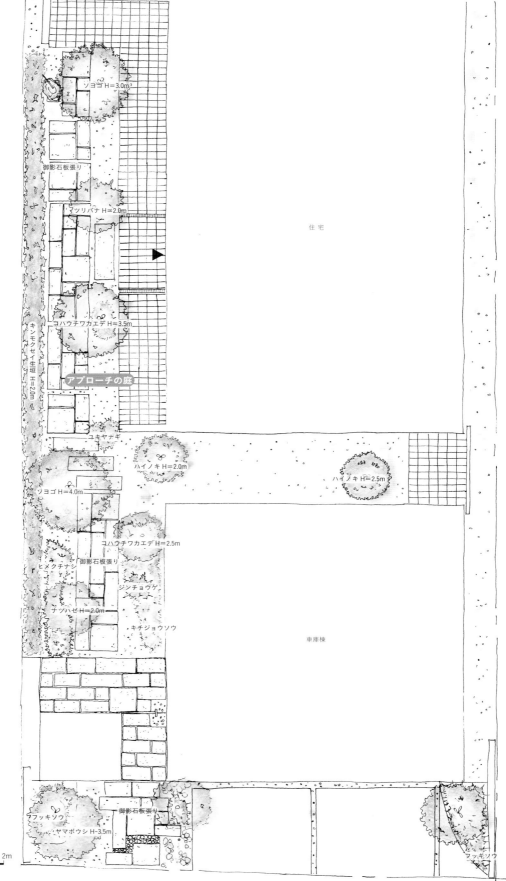

ソヨゴ H=3.0m

御影石板張り

マツリバナ H=2.0m

コハウチワカエデ H=3.5m

キンモクセイ生垣 H=2.0m

アプローチの庭

住宅

ユキヤナギ

ハイノキ H=2.0m

ハイノキ H=2.5m

ソヨゴ H=4.0m

コハウチワカエデ H=2.5m

御影石板張り

ヒメクチナシ

ジンチョウゲ

ナツハゼ H=2.0m

キチジョウソウ

車庫棟

フッキソウ

御影石板張り

ヤマボウシ H=3.5m

フッキソウ

N

0   1   2m

アプローチは緑のトンネルとなるような樹形の木々を配した

足触りを楽しめる石畳

車庫棟の中にある門を開けると、15mの緑の小路が続く。これを抜けてエントランスに向かう。ペイブメントには、**錆御影石**の板石を方形乱張りにした。使用した板石のサイズは5種類で、300mm×300mm、600mm×600mm、900mm×900mm、300×600mm、300×900mmである。石は割肌仕上げで少し荒々しく、迫力のあるものを使用し、足触りも楽しめるようにした。アプローチは300mmほどの高低差があったため、厚みのある**御影石**を飛び石階段としている。この**御影石**の石畳は、ファサードの道路面から門の引き戸を通り、玄関を抜けた先、奥のテラスまで続いている。途中に段差があったり、板石の表面を割り肌仕上げにしたりと、利便性というよりは身体を使って庭という体験を楽しんでほしいと考えた。

（上）車庫棟とアプローチ
（下）迫力を重視した割肌仕上げの錆御影石のアプローチ

木の懐をくぐりぬける細道空間

（左）緑のトンネルとなるような樹形の木々を配した
（下）アプローチの途中には水音も楽しめる

　また、アプローチを歩きながら音も楽しめるよう、途中に水盤を取り付けて水の音が聞こえるデザインにしている。水盤は**ジャワ泥石**、掛樋はステンレスのパイプを用いている。

　アプローチの脇の隣地境界には隣地の古いブロック塀があり、背景には工夫が必要だった。ただし、新しい塀を立ててしまうと露地の幅員が狭くなってしまう。そこでブロック塀を覆うように**キンモクセイ**の生垣をつくった。**キンモクセイ**は目隠しをしやすい樹種の一つであり、株立ちのものを使用することで最初からなるべく塀が隠れることを意識した。

　アプローチの両側には**モミジ**、**ソヨゴ**、**ナツハゼ**、**ツリバナ**、**ハイノキ**などを植え、木のトンネルをくぐる。落葉樹の**モミジ**や**ナツハゼ**、**ツリバナ**の紅葉も楽しめ、狭い幅員ながら、下枝が人より高いところにある樹形を選ぶことで、木の懐を利用して通行空間を確保している。低木は**ヒメクチナシ**や**ジンチョウゲ**などを植え、**キンモクセイ**と合わせて季節ごとに香る庭にした。

CASE 11

下草を密植して瑞々しさを可視化する

楓の庭

　琵琶湖を望む高台の住宅。2階の突き出した部屋の開口から琵琶湖が一望できる。池のある開放的な庭と和室から望む楓の庭で構成されており、池は建築家のアイデアにより建物の屋根の雨水が流れ込む。楓の庭は斜面の形状を活用、モミジを主とした山野の景色をつくった。

所在地　　　：滋賀県大津市
構造／階数：木造2階建
家族構成　：夫婦
竣工　　　　：2006年
敷地面積　：600.29m²
建築面積　：187.23m²
建築設計　：一級建築士事務所河井事務所

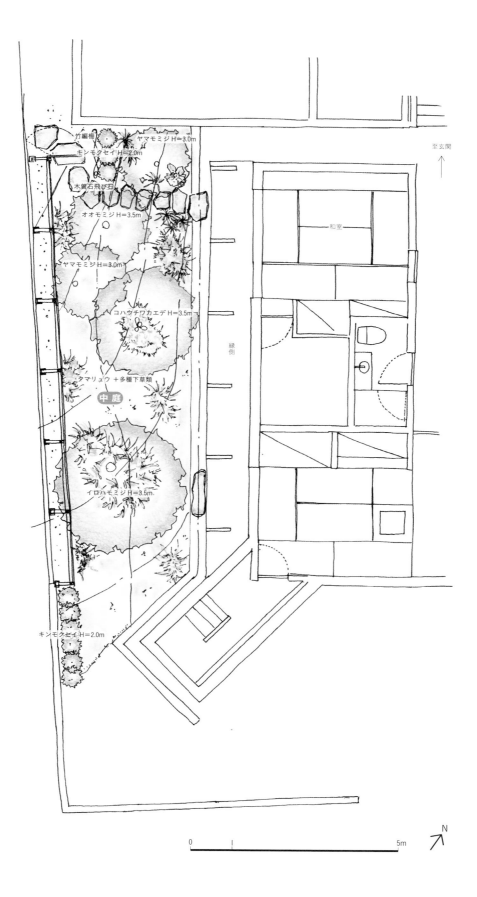

竹編柵
キンモクセイ H=2.0m
ヤマモミジ H=3.0m
木質石飛び石
オオモミジ H=3.5m
ヤマモミジ H=3.0m
コハウチワカエデ H=3.5m
タマリュウ ＋多種下草類
中庭
イロハモミジ H=3.5m
キンモクセイ H=2.0m

至玄関
和室
縁側

N
0　　　　1　　　　　　　　　　5m

高台に建つ開放的な住宅に隠された楓の庭

■ 開放的な "疎" の庭

主庭にある池は琵琶湖と象徴的につながる存在であり、池の水際は階段状の親水空間である。屋根の雨水は雨樋ではなく筧（かけい）で集めて庭に落としている。庭に落ちた水は斜面の勾配で自然と池に排水される。池ではモロコやフナといった魚も飼育している。2m 近いの深さを設けていて、防犯の機能も果たしている。

池の中の植物にも、琵琶湖に生息する**ヒメガマ**、**ヨシ**などの水生植物を植え、修景のために花の咲く**スイレン**も配した。

主庭｜琵琶湖へと意識をつなぐ池

池の中は水深に合わせ鉢をおき水生植物で修景した

和室の景をつくる"密"の庭

この住宅で最も特徴的な庭である。主庭の裏側・和室と縁側に面した傾斜地にデザインした。もともと庭に対してて建物の側の地盤が低く、露出した地層がミルフィーユ状に傾斜する岩盤（流れ盤）で地下の水が染み出していたため、暗渠排水を設けて余剰水を排水している。

和室のからの眺めを修景する目的と、水が染み出す土壌環境を考慮して、地面の乾燥を嫌う**モミジ**類の庭を提案した。**ヤマモミジ**、**イロハモミジ**、**コハウチワカエデ**、**オオモミジ**といった、4種類の**モミジ**を配している。また斜面地は土の侵食を防ぐグランドカバーが必要となる。

山野の景色をモチーフにしたかったので、**シャガ**、**キチジョウソウ**、**ツワブキ**、**ヤマブキ**、**リョウメンシダ**、**ギボウシ**、**シュンラン**などを配し、メインになるグランドカバーは**タマリュウ**を使用している。**タマリュウ**は山野に自生する植物ではないが、芝生のように刈る必要がないうえ、しっかりと土を覆うことができ、**コケ**類よりも踏圧に強く育てやすい。**コケ**は水の管理も難しく、日当たりを考慮して絶えず落ち葉の掃除をしなくてはならない。人が利用する庭として、維持がしやすい植物を選ぶことも大切である。

楓の庭の全体像

受け盤
・地層の方向と逆方向に傾斜するため水が浸透しやすい
・水が流れるので乾燥しやすい斜面になる

流れ盤
・受け盤から流れる水が染み出しやすい
・湿潤した土地になる

暗渠排水
庭に露出していた地層は流れ盤で、図のようにミルフィーユ状に何層もあり、自然に水が染み出てくるほど湿潤していたため有孔パイプを使って暗渠排水を設けた。

水が流れている層
U字溝

有孔パイプ+砂利

ミルフィーユ状の断面図

暗渠排水工事後の地面。砂利の下に暗渠排水が通っている

ヤマブキ
ナンテン
ヤマモミジ
オオモミジ
コハウチワカエデ
キチジョウソウ
ヤマモミジ
シャガ
タマリュウ
ツワブキ
木曽石

中庭のタマリュウをベースにツワブキ・シャガ・キチジョウソウなど地表を覆う植栽

▬ 庭の背景となる板塀と簾

　建築側からの要望もあったため隣地の住宅と庭の間の板塀は、建築工事として設けている。庭との関係性も考慮して威圧感が出てしまわないような、程よい高さの板塀を検討した。簾を縁側にかけることで足元の景色を切り取って見せるという設計側の意図を受け、**モミジ**の幹や下草類の葉の質感や形、花の時期など多様性を持たせるようにした。一年中緑を楽しめる**タマリュウ**を基盤として、**ヤマブキ**、**ツワブキ**、**シャガ**など花を咲かせるものや**キチジョウソウ**などを植えた。

奥の板塀と手前の簾で視界をコントロールする　© 平井広行

■「不等辺三角形」による作庭と修景

山の景色をつくる手法としてよく採用されるのが、植木や石を不等辺三角形になるように平面を計画していく日本庭園の作庭方法である。通常より植樹が少ないこの庭に取り入れやすい手法だったため、不等辺三角形を描くこととした。大きな樹木や石を配置したうえで庭の骨格を形成し、低木や下草で修景していく。低木を添えることで、立体感の少ない場を補い、下草は山野をイメージして群落を形成し疎密をつける。疎の部分は土が流れないように一番草丈の短い**タマリュウ**で覆った。

図面に木の場所をプロットする時には、見えてこない枝ぶりなども考慮する必要があるため、図面そのままに庭が完成するということはない点に注意が必要となる。

斜面が急なところは割竹の柵をつくり土留めとし、通路を確保するために飛び石の階段をつくった

中庭の板塀と簾の位置関係

オリーブ

ヒメクチナシ

五感をともなう空間体験を点在させる

母屋の向かいに息子夫婦のはなれを新築する際に
行った庭のリノベーション。敷地には大きなキンモ
クセイがあり、それを残すように建築が計画された。
このキンモクセイからヒントを得て、香りを楽しむ
庭にした。常緑樹が多かった親夫婦の庭にも落葉樹
を足して季節感を出した。

春日井の家

所在地　：愛知県春日井市
構造／階数：木造平屋建
家族構成　：親夫婦＋子夫婦＋子
竣工　　：2014 年
敷地面積　：約770m²
建築設計　：GA 設計事務所

CASE 12

カツラ

サザンカ

アジサイ

タイム

ギョリュウバイ

竣工から4年経った頃。生育のよい木々

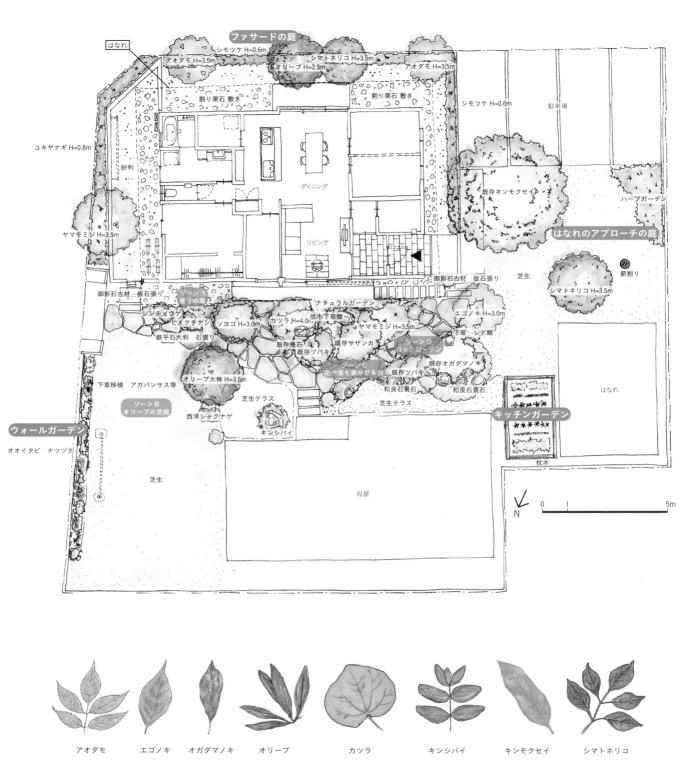

▬ 暮らしを彩る四つの庭

親夫婦が好んで育ててきた**サザンカ**、**ツバキ**、**オガダマノキ**などの既存の常緑樹たちを残す計画である。門から母屋の玄関へ、母屋の玄関からはなれのテラスや玄関へと、主要な動線に既存の木を残してつくった。

親夫婦が将来車いすを利用することがあっても対応できるように、大判の**鉄平石**を張りつないだアプローチとした。

既存の木々を避けながら舗装したこのアプローチにより生まれた四つのA〜Dのゾーンごとに庭も多彩に性格づけている。

車椅子も通ることのできる
鉄平石のアプローチ

| ゾーンA | 香りで迎えるアプローチ

門のすぐ近くにあるこの場所には、**ヒメクチナシ**、**ジンチョウゲ**、**タイム**などはっきりした甘い香りのものを配し、敷地に入ってきた人を花の香りで迎え入れる。

ゾーンA | 初夏に香るヒメクチナシ

| ゾーンB | 爽やかなオリーブの芝庭

芝生の広場が広がる明るくてドライな庭。**鉄平石**に張り出すピンク色の**タイム**の花、**オリーブ**を新植した。庭主の希望で、後に**ハクモクレン**を足している。

ゾーンB | 芝生の中のオリーブと鉄平石に張り出すピンク色のタイムの花

既存の**サザンカ**を残し、新たに**カツラ**、**ヤマモミジ**を植える。**カツラ**は落ち葉からキャラメルのような甘い香りを出すので花の季節が終わった秋の終わりも香りが楽しめる。

ヤマモミジ

カツラ

サザンカ

ジンショウゲ

アジサイ

キンシバイ

ハラン

ヒメクチナシ

タイム

シラン

｜ゾーンC｜紅葉時に甘い香りがするカツラ

| ゾーン D | 常緑のロックガーデン

　既存の立派な**オガダマノキ**の下に心地よい影ができるしっとりした庭。ゴロゴロとした石を据え、**シダ**類や**ハイビャクシン**、**ギボウシ**、**ハラン**、**ツワブキ**などの下草類を植えロックガーデンとした。アプローチの終点となる脇に**エゴノキ**を植えた。

オガダマノキ

エゴノキ

ハイビャクシン

シラン

ゾーン D | 下草と影でしっとりとした雰囲気を

▬ 緑の目隠しでプライベートを保つ

はなれの北側ファサードは道路に面しており、リビングの前は**オリーブ**や**シマトネリコ**で目線を切り、車の往来を遮っている。

ファサードの庭の
シマトネリコとオリーブ

⟨はなれの庭のアプローチ⟩

▬ 庭の主役は大きな既存木

はなれのアプローチとなる庭は明るく構成した。アプローチは大きな**キンモクセイ**の既存木と、**ローズマリー**、**レモングラス**、**カモミール**、**ミント**などからなるハーブ類の香りで人を迎え入れる。リビングに薪ストーブがあるので、新植した**シマトネリコ**の下に薪割りスペースをつくった。大きな**キンモクセイ**を引き立たせるために、周りには大きな木や下草などは植えず、シンプルに**芝生**を張っている。

はなれの家のアプローチとキンモクセイ

▬ 食卓が楽しく・美味しくなる庭

主庭の脇にはキッチンガーデンがあり、食卓を彩る野菜やハーブ類などを育てる場をつくった。

6月のまだ芽が出て間もないトマト

支柱をつたう8月のトマト

収穫前。たくさんなる実

▬ 古いブロック塀はツルで緑化

ナツヅタ

オオイタビ

アガパンサス

既存の庭には古いコンクリートブロックの塀の下に**ローズマリー**などが植えられた花壇があった。これをはなれのアプローチにあるハーブ園に移植し、あわせて**アガパンサス**を新植した。古いコンクリートの壁は**ナツヅタ**、**オオイタビ**を植えてウォールガーデンとしている。

緑で彩るオオイタビとナツヅタ

CASE 13

キッチンガーデンには余白と高さをつくる

市街地の近郊にある二つの方形屋根をもつ住宅。東西に長い角地の敷地に建つ。住宅はダイニング・キッチンが別棟になっており、料理の得意な庭主が将来料理店を開けるように設計されている。今は友人などをもてなす場としてワイン会なども行っている。ファサードの庭のほか、客人をもてなすダイニング・キッチン、リビングに面した庭がある。

別棟のある家

所在地	：岐阜県岐阜市
構造／階数	：木造平屋建、一部2階建
家族構成	：夫婦
竣工	：2013年
敷地面積	：291.26m²
建築面積	：100.51m²
建築設計	：GA設計事務所

異国を感じさせる植栽

ドライな植生に仕上げる

　庭主が好む、多国籍スタイルを取り入れた住宅に合わせ、ドライな大地に育つ植物を選んで庭をデザインした。地面には茶系の砂利を敷き、その上に割栗石をランダムに配置して乾いた土壌を再現している。大小不揃いな砂利や割栗石を混ぜて使うことによって、自然な地面の凹凸感が生まれる。樹種は外国原産の**ワシントンヤシ**、**チャメロプス**、**フェイジョア**、**ブラシノキ**、**アガベ**など異国の木々を植えている。

　南国の木は寒さに弱いが、岐阜市内の気候でもなるべく耐えられる樹種を選んだ。そのなかでも**アガベ**は心配だったが、庭主が霜よけ・雪よけを手づくりしてくれて元気に育っている。7年目を迎える庭は、庭主のアレンジで樹種が増え、さらにパワーアップしている。

冬の寒さから守られているアガベ

元気に育つアガベ（手前左）など異国の植物と割栗石を合わせた

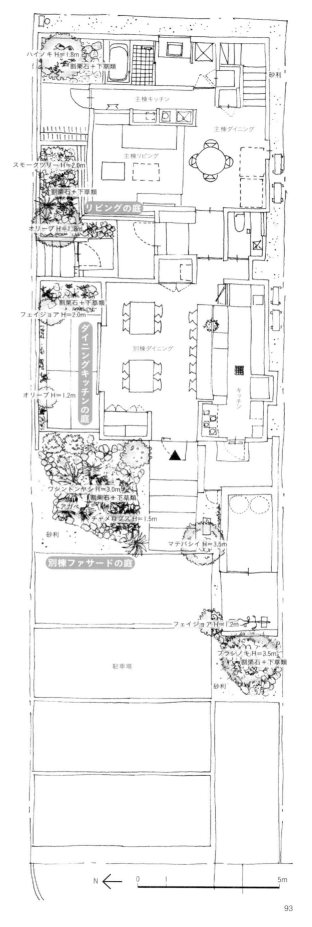

ワシントンヤシ

チャメロプス

ブラシノキ

マテバシイ

フェイジョア

アガベ

ニューサイラン

別棟ファサードの庭｜二つの方形屋根のある住宅

■ キッチンガーデンには背丈のある植木を

ダイニングに面して小さな植栽スペースがあり、料理に使えるようなハーブ類・果実が食べられるフェイジョアを植えている。キッチンガーデンは下草類がメインとなり目線が低くなりがちだが、少し背丈のあるフェイジョアなどを添えると、空間のバランスが取りやすい。

特にハーブ類は庭主の手によって年々種類が豊かになり、料理にも活用されている。好まれて育てられているハーブで洋風の料理に使用されるものは、ローズマリー、レモングラス、ディル、フェンネル、レモンバーム、ラベンダーなど。また和風のものは山椒、ミョウガだそうである。料理の写真（p.94、95）はすべて庭主が撮影されたもの。キッチンガーデンでの収穫物は、パンや保存食、スパイスや食卓を彩る器にまでと、幅広く楽しまれている。

庭主からは「使いたい時に庭からすぐ摘めるので、嬉しいです。たくさん採れるので色々な料理に惜しみなく使ったり、お酒に漬け込んだりしています」との言葉をいただき嬉しい限りである。

料理に使用できる植栽

オリーブ

スモークツリー

ニューサイラン

ギボウシ

リョウメンシダ

ストロビランス

ヒューケラ

質感や色を考えた下草類

ダイニングキッチンは、撮影スタジオとしても使用されている

吊るしたペペロミア。屋内のグリーンも潤いを与える

 リビングの庭

インドアグリーンとプライベートガーデン

コーナーのピクチャーウィンドウ越しに見る
プライベートガーデン

ダイニング・キッチンにはカウンターと6人掛けのダイニングテーブルがあり、室内にも緑を取り入れたいとの希望を受けて、カウンターのペンダントライトを吊るす鉄骨の梁からハンギングの植物**ペペロミア**を垂らした。

また、リビングから見える庭は、背景に目隠しの木塀があるので、庭の景色をつくりやすい。庭主の希望で**スモークツリー**などを寄せ植えした。メインを**オリーブ**として、足元に**ヒューケラ**、**シダ**、**ニューサイラン**、**ギボウシ**など。紫色の**カラーリーフ**など葉の色や質感にも変化をつけて多種類のものを植栽した。

CASE 14

エバーフレッシュ

居室に馴染むワッフル状のインナーガーデン

　3世代、6人家族が暮らす木造2階建の室内に庭をデザインした。大開口のトップライトから日光が降りそそぐ2階の屋内に庭をつくれないか、という建築家からの依頼でできたインナーガーデンである。

羽根北の家

所在地　　：愛知県岡崎市
構造／階数：木造2階建
家族構成　：親夫婦＋子夫婦＋子3人
竣工　　　：2014年
敷地面積　：176.47m²
建築面積　：92.09m²
建築設計　：佐々木勝敏設計事務所

インナーガーデン１

インナーガーデン２

割栗石

エバーフレッシュ他

シダ類・下草

エバーフレッシュ他

割栗石

割栗石

エバーフレッシュ他

シダ類・下草

N ← 0　　　　1m

2階平面図

インナーガーデン｜階段を上ると植栽が上から覆い、迎えてくれる　©Katsutoshi Sasaki

99

ウンベラータ

エバーフレッシュ

シルクジャスミン

ワッフル状に配置されたインナーガーデン１の植栽帯　©Katsutoshi Sasaki

インナーガーデン１

▬ 室内に溶け込む植栽

　２階は天井まで立ち上がる柱や壁がない一つの大きな部屋になっている。それぞれの空間を仕切る"ワッフル"のような高さ900mmの腰壁と、上部垂れ壁で領域が仕切られている。寝たり腰掛けたりと、目線を下げればプライベートな空間に、反対に立ち上がると別の領域とも一体にコミュニケーションが取れる面白い間取りだ。

　この"ワッフル"のうち２マスが植栽帯として計画された。

　建築家はあらかじめ太陽光が入るようにトップライトを設けてくれ、開閉もできることから風通しもよい環境が生まれていた。

ウンベラータ

エバーフレッシュ

インナーガーデン２｜ワイヤープランツ、シダ類と割栗石を組み合わせて外のイメージを大切にした　©Katsutoshi Sasaki

■ 躍動的な緑

　室内の中庭はよく、ガラスなどで内外を分断し囲って
しまうことが多い。そうすれば夜露が植物に当たり、通
気や湿度も庭に取り入れることができる。しかし、今回
は結果として植物に夜露が当たらない空間だったため、
室内でも育つ観葉植物として、**ウンベラータ**や**エバーフ
レッシュ**、**シルクジャスミン**などを中心に庭を考えた。
　腰壁に土を入れるため、防水や排水、２階部分で許容
される土の重量などに配慮して建築工事が行われた。土
を入れる前には底に排水層となるマットを敷き詰め、伸
びた根が悪さをしないように四周に防根シートを張って
から土入れを行なった。土は屋上緑化などに使われる軽
量土壌を使用し、植栽の基盤とした。

　ワッフル状の植栽帯を緑で覆うだけでなく、部屋の空
間とつながる植栽計画を求められた。室内にあることを
忘れるくらい躍動的な緑をつくろうと、**ワイヤープラン
ツ**や**シダ**類、ランの仲間６種類の個性的な植栽で地面を
覆った。余白には割栗石を敷き詰めて、室内ではあるが
外のような地面を表現することを目指した。
　水やりは室内のためホースを使用できないので、日常
的に霧吹きやジョウロを使用して行っている。作庭して
から数年経つが、現在は階段脇の**エバーフレッシュ**が階
段を覆うほどに大きくなった。鉢よりひとまわり大きな
マスの植栽帯だったので、大きく成長できたのだろう。

CASE 15

3坪の空間に設える茶事動線

『そうだ京都に住もう』という書籍にも登場する、1910年築の年季の入った京都の町家の改修。木造2階建。3坪ほどの庭の改修だったが、現況の庭には景石と雪見灯篭、手水鉢小さな池、キンモクセイ、サンゴジュがあり、既存のものを残す提案と残さない提案など合わせて9案ほど提出した。

ガエまちや

所在地　　　：京都府京都市
構造／階数：木造2階建
家族構成　：夫婦
竣工　　　　：2011年
敷地面積　：75.6m²
建築面積　：56.5m²
建築設計　：一級建築士事務所河井事務所

残すものと残さないものを丁寧に選別した　©平井広行

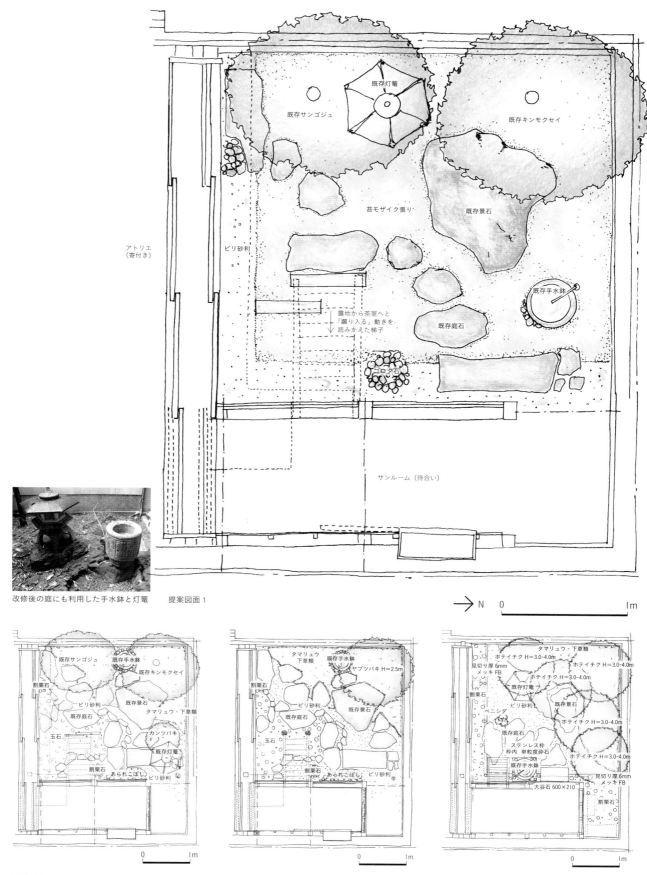

既存灯籠

既存サンゴジュ

既存キンモクセイ

苔モザイク張り

既存景石

アトリエ
（寄付き）

ピリ砂利

既存手水鉢

露地から茶室へと
「躙り入る」動きを
読みかえた梯子

既存庭石

ゴロタ石

サンルーム（待合い）

改修後の庭にも利用した手水鉢と灯籠　　提案図面1

→ N　0　　　　　　　　　1m

既存サンゴジュ　既存手水鉢
既存キンモクセイ
割栗石
ピリ砂利　既存景石
既存庭石　タマリュウ・下草類
玉石　　　カンツバキ
　　　　　既存灯籠
割栗石
あられこぼし　ピリ砂利

0　　　　1m

タマリュウ　下草類　既存手水鉢
ヤブツバキ H=2.5m
割栗石
ピリ砂利　既存景石
既存庭石
玉石
割栗石
あられこぼし　ピリ砂利

0　　　　1m

タマリュウ・下草類
ホテイチク H=3.0-4.0m
見切り厚 6mm
メッキ FB　ホテイチク H=3.0-4.0m
割栗石　　既存灯籠
ベニシダ　ピリ砂利
既存景石
既存庭石　ホテイチク H=3.0-4.0m
ステンレス枠
枠内 単粒度砕石　ホテイチク H=3.0-4.0m
既存手水鉢
見切り厚 6mm
メッキ FB
大谷石 600×210
割栗石

0　　　　1m

提案図面1〜3

主庭｜茶室へと向かうための梯子

■ 梯子で茶室に上がる露地の庭

まず小さな池を残した場合と、残さない場合の案を提案した。マンスエンドハウスとして使用することから、池のボウフラが気になること、池に魚を飼っても餌をやれないことを庭主が心配し、池のない案になった。基本的にあるものを活かす庭づくりを提案しているが、今回は池を残す残さない、木を追加するしない、グランドカバーの種類、既存の石の配置など、細部まで打合せた。

最終案は、既存の木を残し、石の配置を変え、グランドカバーに**コケ**を施すプラン。ちなみに、この家は2階に茶室があり、庭を通って手水鉢で手を清め、梯子を上って茶室へ行くユニークな動線をもつ。この庭は茶庭の役割をもち、梯子は建築家の意図でデフォルメされたにじり口の役割を持っていた。梯子が**コケ**を傷めないよう、鉄製の枠を用意した。枠と庭とを馴染ませる工夫として、建築家から八橋の意匠のアイデアを取り入れた。2列ある枠の一つは梯子をかけないため、**コケ**を敷いている。もう一方には砂利を入れ、梯子は砂利に置いて使用する仕組みである。庭に面したアトリエやサンルームを寄付きや待合いと見立て、飛び石の配置は、庭を通って、蹲を使用し、梯子で茶室へ上がる、という茶事における一連の動線をつくっている。

部屋から望む町家の庭 © 平井広行

混植したコケの変化を楽しむ

5種類のコケを混植した地面

既存の手水鉢を利用した

改修中に配置を幾度も練った

　グランドカバーは、建築家と話し合って**コケ**にした。小さな坪庭だが、その空間には塀や木の陰でさまざまな日光条件ができる。その日光条件や水やりが日常的に行えなくても生き残る種を見極める目的で、5種類の**コケ**を混ぜている。

　スナゴケ、**スギゴケ**、**ホソバシラガゴケ**、**ハイゴケ**、**シノブゴケ**を、日当たりなどを考慮してモザイク状にに配した。**スナゴケ**は日当たりがいいところを好み、**ハイゴケ**、**ホソバシラガゴケ**、**スギゴケ**は半日陰を好み、**シノブゴケ**は日陰を好む。**コケ**に程よく日が当たるように、**キンモクセイ**を透かすように剪定した。現在は**ハイゴケ**が優勢となっている。

　改修にあたり、最終的に庭に追加したものは**コケ**と砂利・掛樋ぐらいで、あとは既存のものを利用した。

　今後も少しずつ庭を変化させていく予定である。庭の手入れに伺って、庭主ご夫婦とお会いすると、マンスエンドハウスでありながらも、庭に来る鳥の話や、変化する**コケ**の話などたくさんのエピソードを披露してくれ、庭主の庭への愛着を嬉しく思う庭である。

ヤマボウシ

ツリバナ

タマリュウ

既存の燈篭などを残して作庭した二世帯住宅の主庭　　©Masato Kawano / Nacasa & Partners

ヤマモミジ

ホテイチク

花見座敷をはめ込む滞留のデザイン

岐阜県岐阜市の長良川沿いの住宅地に建つ二世帯
住宅。子世帯の住宅の前に広がる主庭、親世帯・子
世帯兼用の駐車場があるファサードの庭、それぞれ
の世帯をつなぐアプローチの庭がある。親世代から
残された既存の庭を上手く活かしアレンジした。

長良川の二世帯住宅

所在地	：岐阜県岐阜市
構造／階数	：木造 2 階建
家族構成	：親夫婦＋子夫婦＋子 3 人
竣工	：2011 年
敷地面積	：635.20m²
建築面積	：217.78m²
建築設計	：acaa

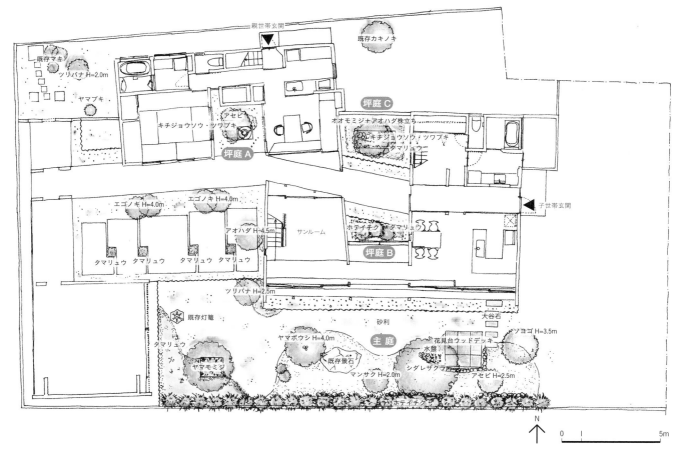

親世帯玄関

既存カキノキ

既存マキ
ツリバナ H=2.0m
ヤマブキ
キチジョウソウ・ツワブキ
アセビ
坪庭 A
坪庭 C
オオモミジ＋アオハダ株立ち
キチジョウソウ・ツワブキ
タマリュウ

エゴノキ H=4.0m
エゴノキ H=4.0m
アオハダ H=4.5m
サンルーム
ホテイチク・タマリュウ
子世帯玄関
タマリュウ
タマリュウ
タマリュウ
タマリュウ
坪庭 B
ツリバナ H=2.5m

既存灯篭
砂利
大谷石
ソヨゴ H=3.5m
タマリュウ
ヤマボウシ H=4.0m
主庭
花見台ウッドデッキ
水盤
ヤマモミジ
既存景石
シダレザクラ
マンサク H=2.0m
アセビ H=2.5m
ホテイチク

N
0　　1　　　　　　　5m

ホテイチクの列植　　©Masato Kawano / Nacasa & Partners

▪ 浮遊感のある花見座敷

子世帯の主庭は、既存の庭の痕跡を留める燈籠と苔むした景石を残すこととした。**シダレザクラ**の下で花見を楽しめるよう、1800 × 1800mm のサイズの座敷をつくった。ウッドデッキは鋼製の細い脚で立ち上げており、座敷面が浮いているかのような仕上がりとなった。内側の畳は屋外で使用可能な樹脂製の畳である。春に舞い散る**シダレザクラ**の花びらが引き立つように、畳の色は黒にした。畳は取り外し可能で、花見シーズン以外は畳を外しウッドデッキとして使用できる。

室内からも気軽に出られるように、厚みある**大谷石**を組み合わせて縁側から座敷へのアプローチを用意した。

お花見を楽しむ庭主ご家族

シダレザクラ

ホテイチク

ソヨゴ

アセビ

花見を楽しめる外用の座敷　　©Masato Kawano / Nacasa & Partners

ウッドデッキが築山の中に潜り込むように施した
主庭の土留め

縁側とウッドデッキを結ぶ主庭・大谷石のアプローチ　　©Masato Kawano / Nacasa & Partners

■ 風情ある溶岩石の築山

主庭は**サクラ**とウッドデッキを中心として、平坦な地形に変化を与えるために既存の景石を利用しながら<u>芝生</u>の築山をつくった。<u>芝生</u>の築山にウッドデッキをはめ込ませたかったので、ウッドデッキに沿う部分は土留めを兼ねた石積みで仕上げた。石積みに黒い**溶岩石**を使い、外壁の黒い焼杉に合わせている。また、築山のラインは流域である長良川に着想を得た曲線とし、砂利は水の流れを見立てている。ウッドデッキ脇の石積みからステンレスの掛樋を出し、小さな池もデザインし、水の落ちる音を景色の一部に取り入れた。

室内から窓の外を眺めたときの目線の高さの背景をつくるため、**ホテイチク**を列植して**タケ**の生垣もつくった。

立派な既存の景石
©Masato Kawano / Nacasa & Partners

溶岩石石積み

ステンレス掛樋

主庭｜芝生の築山とウッドデッキの間の流れ

■ 駐車スペースを兼ねるファサード

予備の駐車スペースでは、土間コンクリートの目地間隔をデザインし、植物を植え込めるように建築家が気を利かせてくれた。この隙間には**タマリュウ**を植え、駐車スペースの脇と奥には下枝があまりない樹形の**エゴノキ**や**アオハダ**の木を植え修景した。

コンクリートとタマリュウを
組み合わせた駐車スペース

アプローチ

■ 明暗のあるくの字のアプローチ

親世帯・子世帯を行き来する玄関アプローチはくの字に曲がったデザインがされており、わざと光を絞った暗い空間になっている。アプローチの途中には三つの小さな坪庭があり、暗い通路と対比的に明るい。それぞれの日だまりに、水・**タケ**・山野の異なる景色をデザインした。

光がコントロールされたくの字に
曲がったアプローチ

■ 水の景色、タケの景色、山野の景色

坪庭 A｜アセビで修景した坪庭

｜坪庭 A｜ 親世帯玄関前の坪庭は水の景色をつくった。既存の庭で使われていた菊型の手水鉢を再利用し、**アセビ**の木を添えて修景した。掛樋はすっきりとさせるために焼いただけのパイプにしている。親世帯のリビングからも見え、水の音や動きが楽しめる。

｜坪庭 B｜ 子世帯のサンルームからも見える坪庭は**タケ**の庭である。サンルームのトップライトを見上げた際に竹林を思わせるようなさわやかな**ホテイチク**で修景した。

｜坪庭 C｜ 最後が、**モミジ**と**アオハダ**を用いた山野の景色だ。2 本の木がくっついて生えていた山採りの混株。1 株で 2 種類の植物を楽しめるため、坪庭のようなスペースに限りがある場所の景色を豊かにできると考え植栽した。**ツワブキ**や**キチジョウソウ**、**タマリュウ**などの下草で修景した。

坪庭 A｜菊型手水鉢とステンレスの掛樋

坪庭 B｜窓越しに見えるホテイチク

坪庭 C｜アオハダとモミジの混株

スイリュウヒバ

既存庭の引き算でつなぐ内外の抜け

　広い敷地の中にある住宅の改修にあわせて行った庭のリノベーション。住宅には表と裏の庭をつなぐ役割をもつ通り土間とテラスがあり、立派な木が生い茂った二つの庭を行き来するアプローチの計画を中心に行った。

刈谷の家

所在地　　：愛知県刈谷市
構造／階数：木造2階建
家族構成　：親夫婦＋子夫婦、子
竣工　　　：2017年
敷地面積　：1201.26m²
建築設計　：SUPPOSE DESIGN OFFICE

イスノキ

マキ

ツツジ

ムラン

住宅の開口から見える立派な木が生い茂る裏庭　©Toshiyuki Yano

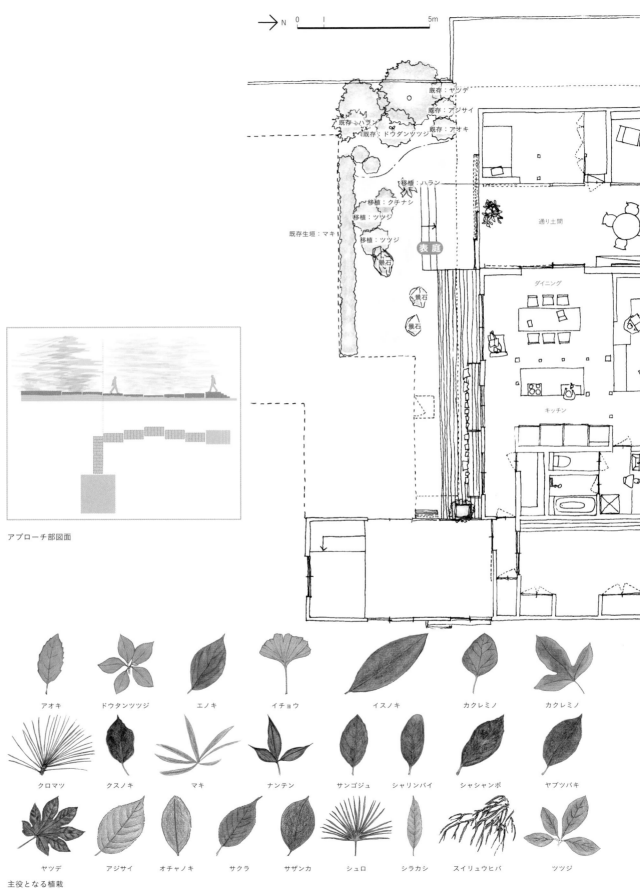

N 0 1 5m

既存：ヤツデ
既存：アジサイ
既存：アオキ
既存：ハラン
既存：ドウダンツツジ
移植：ハラン
移植：クチナシ
移植：ツツジ
既存生垣：マキ
移植：ツツジ
景石
表庭
通り土間
ダイニング
キッチン
景石
景石

アプローチ部図面

アオキ	ドウダンツツジ	エノキ	イチョウ	イスノキ	カクレミノ	カクレミノ
クロマツ	クスノキ	マキ	ナンテン	サンゴジュ	シャリンバイ	シャシャンボ	ヤブツバキ
ヤツデ	アジサイ	オチャノキ	サクラ	サザンカ	シュロ	シラカシ	スイリュウヒバ	ツツジ

主役となる植栽

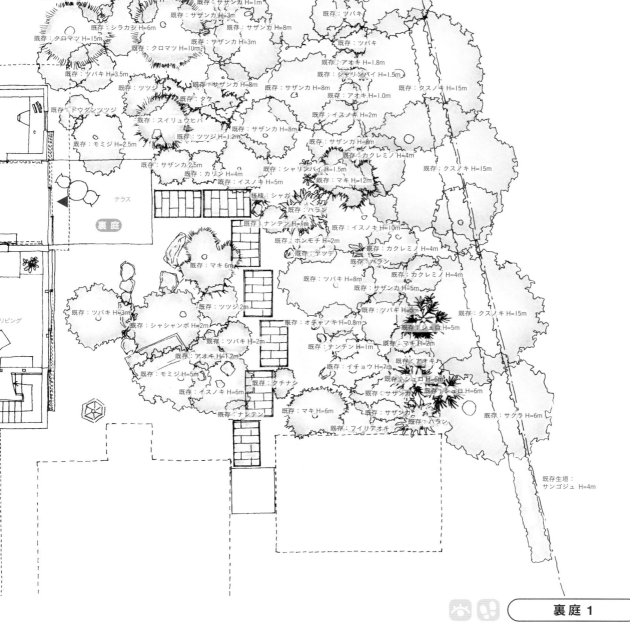

裏庭 1

■ 既存庭の森を最大限に生かす

広い敷地の中には、既存の**クスノキ**をはじめ**サクラ**、**クロマツ**などの大きな木々が森のように生い茂り、**シャシャンボ**、**ツバキ**、**サザンカ**、**モミジ**などの木々も豊かに育っていた。一方で庭の中には燈籠や手水鉢、庭石などの石材が雑然と置かれ、使わなくなった物干し台などが点在し、まとまりのない状況もあった。

これらの与条件をすべて取りのぞこうとはせず、一つひとつの要素を整理整頓していくことで十分豊かな景色が成立するのではないかと考えた。森に包まれるような雰囲気をより感じさせるため、外部から1本も新しい植栽をもってこないようにし、既存の植物を活かして改良した。

森のようなボリュームの木々に囲まれた裏庭のアプローチ

シャシャンボ

ツツジ

マ

ツバキ

クチナシ

裏庭｜既存の木をくぐり抜けるように引いた動線

■ 通り土間へ抜けるアプローチ

裏庭｜通り土間まで続くアプローチ

グレーの石張りを施したリン酸加工の鉄板枠

改修後の住宅は、開放的で風が抜ける通り土間とそれに続くテラスがある。庭からテラスへアクセスする新たなアプローチは、庭木の少ない部分を辿ってルートを設定していくこととした。このときも、どうしてもルートにかかってしまう低木や下草も破棄せず、裏庭内に移植している。

地面より 600mm ほど高いアプローチと庭との高低差を緩やかにつなぐため、高さの違う鉄板枠をいくつかつなげて階段状のアプローチとした。炭入りモルタルで仕上げたテラスと通り土間に合わせて、アプローチの仕上げも一体感をもたせ、同系色のグレーのライムストーン石張りとした。鉄板枠も石張りと同色になるようにリン酸でメッキ加工を施した。

■ 裏庭からの視線の抜けを連続させる

当初、建築家からは通り土間から見える表庭と裏庭の景色を統一してさせてほしいとの要望があった。しかし表庭はもともと大きな木がなく、裏庭からの移植も困難であった。そこで、異なるボリュームの緑を土間部が取りもつように室内に鉢植えの観葉植物・**パキラ**を置き、段階的な変化をつなぐ役割と位置づけた。

表庭へと通り土間でつながる　©Toshiyuki Yano

モミジ

サザンカ

通り土間から裏庭のアプローチを望む　©Toshiyuki Yano

マキ

ツツジ

▬ 見える景色を適切に間引く

　庭の既存樹木たちは剪定を行うことで形を整えさっぱりさせた。燈籠も適切な位置へと動かし、庭に転がっていた石は景石として利用している。アプローチの脇にも景石を据え、下草類なども移植し、あえて落ち葉も残しながらアプローチが浮いてしまわないためのグランドデザインとした。物干し場は庭から見えない場所にスペースを確保し、雑多なものは視界から外して計画している。

地元の植生を引き継ぐという選択

季節の移ろいを楽しめる緑に囲まれた生活を希望する庭主がこだわりぬいて手に入れた土地。木造2階建の住居からは、万博開催時に植えられた大きく育った豊かな緑地帯を望む。植物が好きな庭主の依頼は「緑に埋もれた家」。

つくばの家

所在地	：茨城県つくば市
構造／階数	：木造2階建
家族構成	：オーナー
竣工	：2013年
敷地面積	：200.83m²
建築面積	：77.59m²
建築設計	：GA設計事務所

アプローチの庭｜向かって右手に隣地の建物が見えてしまうので、大きな木を配した

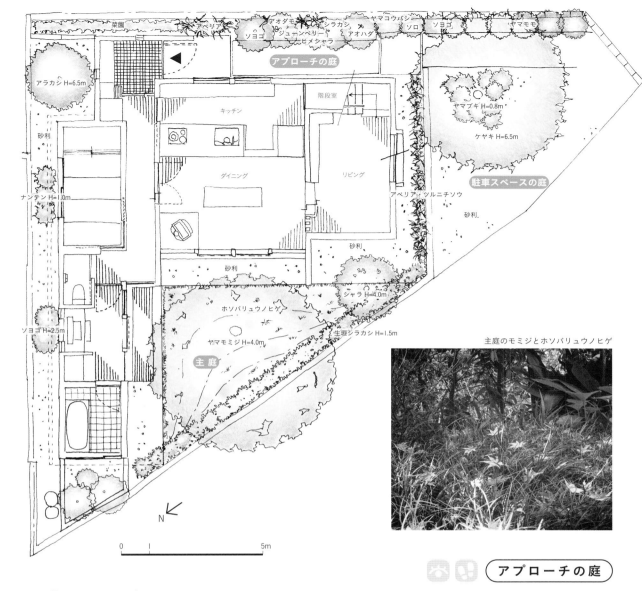

菜園 アベリア アオダモ シラカシ ヤマコウバシ ソロ ソヨゴ ヤマモモ
ソヨゴ ジューンベリー ヒメシャラ アオハダ
アプローチの庭

アラカシ H=6.5m

砂利

階段室

キッチン

ヤマブキ H=0.8m

ケヤキ H=6.5m

駐車スペースの庭

ナンテン H=1.0m

ダイニング

リビング

アベリア・ツルニチソウ

砂利

砂利

ソヨゴ H=2.5m

砂利

シャラ H=4.0m

ホソバリュウノヒゲ

ヤマモミジ H=4.0m

生垣シラカシ H=1.5m

主庭

N

0 1 5m

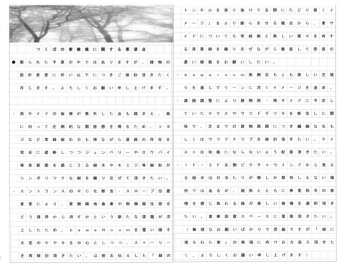

主庭のモミジとホソバリュウノヒゲ

アプローチの庭

■ 成長する緑のトンネル

　アプローチの庭には、常緑樹と落葉樹を織り交ぜた緑のトンネルをつくっている。**アオダモ**や**アオハダ**などの落葉樹、常緑樹の**ソヨゴ**、低木に**アベリア**を植えて、手前の**ケヤキ**とともに木々をくぐって玄関へアプローチするようにした。

　後日庭主によっても**アオハダ**や**ヤマコウバシ**などの樹が加えられ、日々アップグレードしている。

庭主から届いた要望書

つくばの家植栽に関する要望点

● 限られた予算の中ではありますが、建物の設計変更に伴い以下につきご検討頂きたく存じます。よろしくお願い申し上げます。

・西サイドの板塀が喪失した点も踏まえ、森に向かって圧倒的な開放感を得るため、ソヨゴなど常緑樹の力も得ながら道路の存在を完全に遮断しつつジューンベリーやロウバイ等季節感を感じうる樹木やモミジ等樹形がシンボリックな樹を織り交ぜて頂きたい。

・エントランスのRC化断念・スロープ位置変更により、東側隣地倉庫や南側隣住居をどう視界から消すかという新たな課題が浮上したため、bawaRoomを覆い隠す大型のケヤキを中心としつつ、ストーリーを再検討頂きたい。以前お伝えした「緑の

トンネルを潜り抜けて玄関にたどり着くイメージ」をより膨らませる観点から、東サイドについても常緑樹と美しい葉々を有する落葉樹を織り交ぜながら徹底して密度の濃い植栽をお願いしたい。

・bawaroom南側足もとも美しい芝張りを通じグリーンに浮くイメージを追求。

・減額調整により建物西・南サイドに予定していたテラスやウッドデッキを断念した関係で、さまでの建物周囲につき繊細な石もしくはウッドチップを検討頂きたい。テイストは和風にならないよう配慮頂きたい。

・1F・2F北側ピクチャウインドから見える樹木は日当たりが厳しか期待しえない場所ではあるが、樹形とともに春夏秋冬の表情を感じ取れる緑が美しい樹種を選択頂きたい。倉庫設置スペースに留意頂きたい。

（無理なお願いばかりで恐縮ですが「緑に埋もれた家」の実現に向けお力添え頂きたく、よろしくお願い申し上げます）

123

■ 四季を彩る大きなモミジ

庭主からは、シンボリックな**モミジ**の木を植えてほしいと要望があった。加えて美しい**芝生**、道路の気配を隠す常緑樹、室内から庭に降りられる石のステップも希望された。

1階の大きな開口に差し掛かる太く迫力のある**ヤマモミジ**を植えた。2階からの見え方も考慮して、背丈を抑え枝張りがダイナミックなものを選んでいる。

植木畑から運送する際、トラックにこの**モミジ**1本しか載らなかったほどである。大木となると、樹木畑からトラックで運ぶ際の運送コスト面からできるだけ近距離が望ましい。室内からは道路が気にならないように常緑樹の**シラカシ**を植栽した。芝生を張ったものの樹木の陰で育ちが悪かったため、後日庭主施工で低木の**サルココッカ**や**ホソバリュウノヒゲ**のグランドカバーを施した。

ダイニングから見る主庭。枝張りがダイナミックなモミジ

■ 地元の木を使うという選択

通常は植木の産地にはこだわらないことが多いが、今回は土や風土のことを考慮して、同じ茨城県の現場から近い植木屋へ**モミジ**などを仕入れに行った。庭の要望や計画した庭を想像しながら、各場に合う木を探し、一期一会の木々にめぐりあうことができた。

主庭のモミジと、1階ダイニング、2階居室からの眺めをつくる大開口

階段室の景

階段室の正面にあるピクチャーウィンドウには、**アラカシ**が映る。この**アラカシ**も 6.5m の大木であり、2 階の床レベルで目線に枝葉が広がる高木を選んでいる。

なお、本事例の写真はすべて、四季折々の庭の表情をおさめた庭主の instagram（@ forestgreen1510）からご提供いただいている。

北側 2 階の階段室から見た、濃い緑の景色

 駐車スペースの庭

視線を覆い隠すケヤキ

駐車スペースに面した部屋の開口は、緑で覆いたいという要望もあった。対面する緑地帯のダイナミックな景色に負けないように、高さ 6.5m の株立の**ケヤキ**を植えている。駐車スペースに面する開口からも**ケヤキ**の季節の移ろいが見て取れるようにした。

道路脇駐車スペースの庭

室内から見た駐車スペースのケヤキ

CASE 9

タイサンボク

マホニアコンフューサ

ユキヤナギ

ツワブキ

シャガ

タマリュウ

通りや家人の記憶を起点に修景する

　4人家族が住む2階建の木造住宅。6m近いタイサンボクの既存樹を主役とした家。このタイサンボクは建築家の計画により位置を変えることなく玄関脇に残され、新たな家の顔としても人を迎える木となった。毎年初夏には大輪の花を咲かせ、庭主や道ゆく人々を楽しませている。タイサンボクのあるファサードのほか、デッキを中心とした中庭がある。

M Residence

所在地　　：岐阜県岐阜市
構造／階数：木造2階建
家族構成　：夫婦＋子2人
竣工　　　：2009年
敷地面積　：294.48m²
建築面積　：175.89m²
建築設計　：GA設計事務所

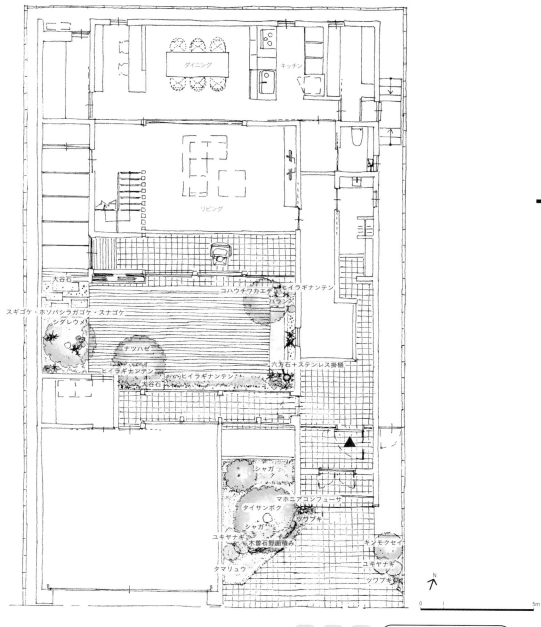

既存樹木の残し方

ファサードに残した**タイサンボク**は新たなアプローチタイル面より高い位置にあるため、木の根が露出しないように土留めを施す必要があった。土留めは半径700mmぐらいの四分円とした。**和良石**を高さ300〜400mmに積んでいる。**和良石**は岐阜県の石で、平たい形状が小端積みに適しているので採用した。土留めの高さが低くても、円形状に細かく積むことができる。**タイサンボク**の根元や脇に続く植栽スペースには**タマリュウ**や**シャガ**でグランドカバーをし、柔らかなイメージをもつ**ユキヤナギ**で明るく瑞々しい庭に仕上げた。

既存木を残すメリットは、その場所に根を下ろしてきた時間の蓄積を感じられる点にある。庭を通して育まれた住み手との思い出も残すことができ、新しい建築への愛着をもつ手がかりにもなる。

年月が経つほどなるべく移植は避けたほうがよく、長年植わっている木は十分な根回しの期間を設けるなど、専門家に相談しながら進めなければならない。移植は木にとって大きなストレスなので、位置決めも手戻りがないよう、入念な検討が必要となる。

かつての家の記憶をとどめるために残したファサードの庭のタイサンボク

ファサードの庭

中庭｜外廊下とウッドデッキ

■ 水音の風情を引き立てる修景

　車庫の裏側には玄関から続く外廊下があり、外廊下は中庭に面している。リビングから 150mm 下がって中庭に面したタイル張りの土間が室内にあり、外へのウッドデッキとフラットにつながる。ウッドデッキは中庭の中心にあり、タイルの水盤と和室から見える坪庭がウッドデッキの両端にそれぞれある。

　中庭に設けた水盤は玄関の地窓から涼しげにゆらめいて、客人を迎え入れる。水盤の水は、**六方石**という柱状の石を立て、石をくり抜いた中に配管をし、焼いたステンレスの掛樋から落とすようにしている。ウッドデッキはタイルの天板にほどよく重なるように回り込んでいて、デッキの足元からすぐに水面が感じられる。水盤まわりのタイルとデッキは建築家が、その他の造作は筆者がデザインを担当している。ステンレスの掛樋はあらかじめ鉄工所で焼いてもらい黒く落ち着いた風合いの仕上がりとし、**六方石**の素材の質感や色を合わせた。高いところから水を落とし、"水音"もデザインした。

中庭｜柱状の六方石

ステンレス掛樋

ヒイラギナンテン

中庭｜焼いたステンレスの掛樋から水盤へ落ちる水

━ 和の景色と素材の取り合わせ

和室から見える坪庭のシダレウメ

　坪庭の主役は**シダレウメ**。建て替える前の旧宅で庭主も思い入れがあった**シダ
レウメ**は季節的に移植が難しく伐採せざるをえず、その後継としての新しい木で
ある。地表面は瑞々しさのある、**コケ**や**ツワブキ**、**シダ**などを配した。一部軒下
になる場所を鉄のアングルで見切りをして丸く角の取れたゴロ太石を敷き詰めた。
また和室から中庭のデッキへ続く動線として、**大谷石**を配した。室内と庭をつな
ぐために坪庭は和室からあまり段差ができないような高さで計画している。

ツワブキ

タマリュウ

ベニシダ

スギゴケ・ホソバシラガゴケ・スナゴケ

大谷石

ゴロ太石

坪庭のゴロ太石と大谷石

CASE 20

オリーブ

ア

アベリア

アベリアホープレイズ

ボックスウッド

ギボウシ

タイム

アガパンサス

異国情緒を愉しませるディテール

郊外の住宅地に建つRC造2階建、ロの字型のコートハウス。サーフィンを趣味に楽しむ庭主からはバリやハワイといった、南国を思わせる庭を求められた。ファサードは、屋根付きの車庫が2台分とアプローチを兼ねた予備の駐車スペース1台分設けてある。アプローチ脇にも程良い植栽スペースがある。

岡崎の家

所在地	：愛知県
構造／階数	：RC造2階建
家族構成	：夫婦
竣工	：2010年
敷地面積	：225.34m²
建築面積	：108.91m²
建築設計	：GA設計事務所

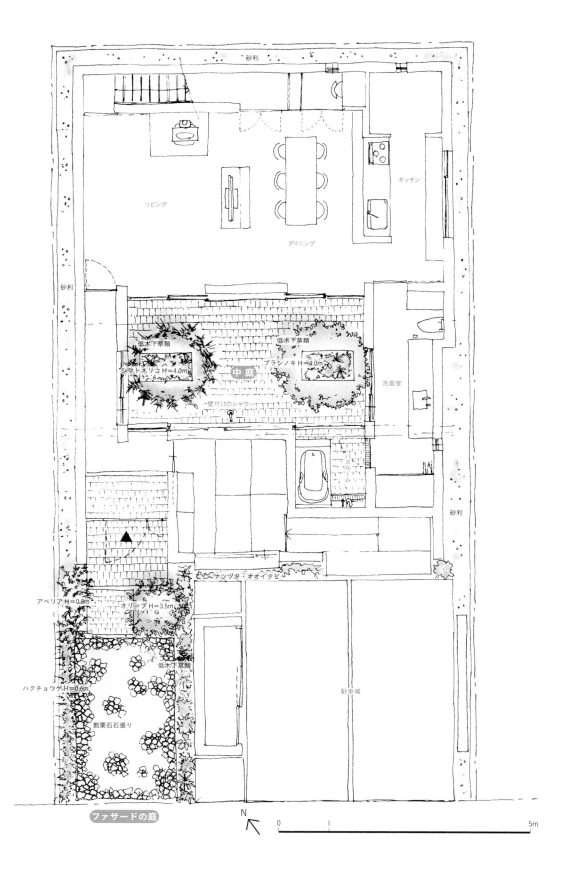

砂利

リビング

ダイニング

キッチン

砂利

低木下草類

低木下草類

シマトネリコ H=4.0m

ブラシノキ H=4.0m

中庭

洗面室

壁付けのシャワー

バスルーム

砂利

ナツヅタ・オオイタビ

アベリア H=0.8m

オリーブ H=3.5m

低木下草類

ハクチョウゲ H=0.6m

駐車場

割栗石石張り

ファサードの庭

N

0　　　　1　　　　　　　　　　　　5m

ファサードの庭｜割栗石のペイブメント。竣工直後

石のペイブメントと下草の賑やかな列植

竣工から8年目の様子。植栽のボリュームが増している

アプローチを兼ねた予備の駐車スペースは、2台分の車庫の土間コンクリートの均質感と対比させ、素材感を大切にした。建物内の玄関ポーチと階段のペイブメントには茶系のハンドメイドタイルに馴染む色味を考え、チャートという岩の種類の割栗石を選んだ。割栗石は、面を並べて固定せずゴロゴロした荒さを活かして使用することもあるが、ここでは車を駐めたり人が歩いたりする用途から面を揃えて固定している。

玄関階段の脇には**オリーブ**を植えて、その周りと駐車場側には**タイム**、**オレガノ**、**ハゴロモジャスミン**、**ローズマリー**、**ハイビャクシン**、**アガパンサス**、**ニューサイラン**、**ギボウシ**などの低木・下草類を、隣地側の階段脇には**アベリア**を、石張りの脇には**ハクチョウゲ**を配した。建築やタイルなど仕上げ材の直線と植物の曲線が織重なった美しい対比を生み出している。今では竣工から10年経って植栽にボリュームが増し、心地よいアプローチになっている。

土の表面にはウッドチップを敷き詰めて、地面の土が見えないようにマルチングした。乾燥を防ぎ雑草も抑えるうえ、地域特有の黄土色の土や、花崗岩が風化したマサ土より見た目も風合いが出る。

玄関ポーチから見たファサードの庭のアプローチ

南国の植生を楽しむ仕掛け

長方形の中庭は玄関、廊下、リビング、ダイニング、洗面、バスルームに面している。玄関と同じ茶系のハンドメイドタイルが張られ、2カ所の植栽帯が設けられている。1カ所には美しい樹形の**シマトネリコ**、もう1カ所には大きく成長するオーストラリア原産の**ブラシノキ**を植え、南国の植生とした。なお、暖かい気候を好む樹木は温暖な地域でしか育成しないので、注意が必要である。

二つの植栽帯の足元には、**アベリア**、**ハイビャクシン**、**アガパンサス**、**アベリアホープレイス**（アベリアの矮性種）、**ギボウシ**や**タイム**、**ローズマリー**、**オレガノ**、ハ

ゴロモジャスミンなどのハーブ類を植えて料理や生け花の目的も兼ねた。

ローズマリー、**ハイビャクシン**、**ハゴロモジャスミン**、**アベリアホープレイス**は横にも枝を張る。下草は躍動感を重視して、タイルに四角く区切られた植栽升の縁を超えて溢れるようなイメージで配植している。中庭も土表面にウッドチップを敷いている。

ちなみに、庭主がサーフィンから帰ってすぐシャワーが浴びられるよう、壁付けのシャワーがある。プライバシーが守られたロの字型の中庭ならではの使い方である。

壁付けのシャワー

中庭｜シマトネリコ（手前）とブラシノキ（奥）　　　　　　　　　　　　　　　リビングの延長のような中庭

住まいの履歴と風情を組み合わせる

　2人暮らしのための京都の町家のリノベーション。前庭と奥にある主庭の改修を行った。子どもに向けた理科の実験を行う教室も備えており、教室に通う子どもたちの自転車置き場などの動線も考慮しながら作庭した。

理科まちや

所在地　　：京都府京都市
構造／階数：木造2階建
家族構成　：夫婦
竣工　　　：2017年
敷地面積　：160.0m²
建築面積　：89.0m²
建築設計　：アトリエ・ワン

ナンテン

ヤマモミジ

アセビ

トサミズキ

ハラン

ツワブキ

タマリュウ

元の主人が集めた石を利用した前庭

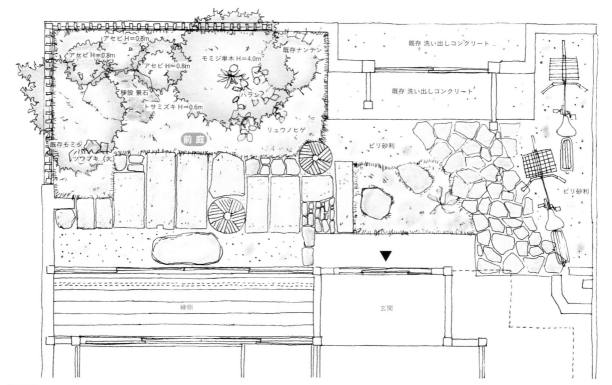

アセビ H=0.8m
アセビ H=0.8m
アセビ H=0.8m
移設 景石
トサミズキ H=0.6m
既存モミジ
ツワブキ（大）
既存ナンテン
モミジ単木 H=4.0m
バラン
リュウノヒゲ
前庭
既存 洗い出しコンクリート
既存 洗い出しコンクリート
ビリ砂利
ビリ砂利
縁側
玄関
▼

前庭図面

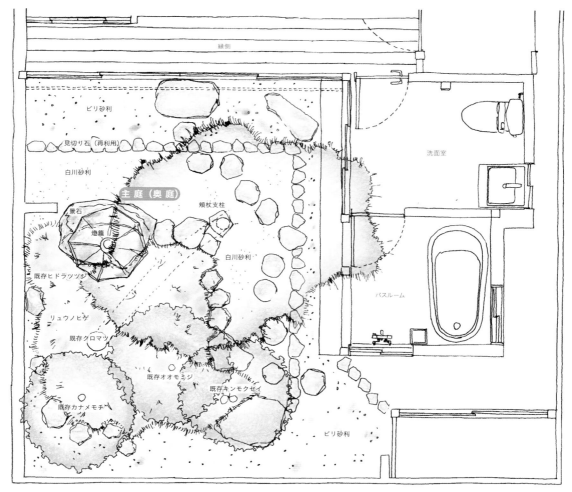

縁側
ビリ砂利
見切り石（再利用）
白川砂利
主庭（奥庭）
景石
燈籠
既存ヒドラツツジ
リュウノヒゲ
既存クロマツ
既存カナメモチ
既存オオモミジ
既存キンモクセイ
頬杖支柱
白川砂利
ビリ砂利
洗面室
バスルーム

主庭（奥庭）図面

0　　　　1m

N

▬ 元住人の履歴を引き継ぐ石畳

庭の提案をするにあたり、現場へ出向くと泥だらけの建築家の姿があった。挽臼の石や市電に使われていた石（電板）など元の住人がコレクションしていた石を並べ変え、建築家の提案で石畳の再構築・スタディした石畳を基にして計画を行った。

建築家のスタディした前庭の石畳

石を上手に動かす建築家

▬ 既存庭を利用しながら景色を再構築する

前庭と道路との境には縦格子の柵がある。以前は塀で囲まれた閉鎖的な前庭だったが、公共性をもたせたいという建築のコンセプトから格子の柵になった。外から内側がうかがい知れるように工夫されているため、植栽も目線が抜けるような下枝が少ない**モミジ**を縦格子の柵沿いに植えるようにした。

また石畳は建築家がスタディした配置を元に高さを揃えて仕上げた。石畳の目地には**スナゴケ**を所々におき、あたかも元からあった庭に馴染ませる見えるよう工夫した。

石畳だけでなく、太い**オオモミジ**と**ヒバ**も庭の歴史を引き継いでおり、**オオモミジ**は整枝剪定を行い、樹形を整えた。樹勢の弱い**ヒバ**は伐採し幹は今後木材として再利用できるよう保管した。なお、**ヒバ**の代わりに新しく**ヤマモミジ**を配している。駐輪スペースにあったな大きな景石も前庭に移し再利用した。**アセビ**、**トサミズキ**、**ハラン**、**ツワブキ**などを所々に置き、グランドカバーには**タマリュウ**を敷き詰めて、しっとりとした山野の景色をつくった。

前庭｜できあがった石畳

■ 植物の成長のコントロールで蘇る景色

既存の主庭

焼杉にした杉丸太で頰杖支柱を行なった主庭のクロマツ

　奥にある主庭も**クロマツ**、**キンモクセイ**、**オオモミジ**や**ヒラドツツジ**の既存樹を活かしている。室内から見た庭の手前には、鬱蒼と生い茂り大きくなりすぎていた**ヒラドツツジ**があり、庭の奥行きを引き立てるよう枝を間引いた。**オオモミジ**や**キンモクセイ**も整枝剪定をして現況の樹木を整えた。斜めに生えている**クロマツ**には焼杉丸太で頰杖支柱を行った。支柱はなるべく長持ちするように、地面に埋めずに束石に載せて腐りにくくしている。

　奥庭にも、前庭同様に元の住人がコレクションした石がたくさんあり、形や風合いに趣があるものばかりだったため、再利用することとした。拳大ほどの小さな石は、L字の軒先のラインに沿わせ組み合わせることで雨落ちラインをつくり、差し石（建物の土台下、外交部に沿って床下を守る石）とした。既存の飛び石は配置を変えて庭から裏のユーティリティスペースに行くための道をつくった。残りの石も洗って本来の表情を露わにし、土の裸地に砂利とともに敷き詰め修景した。

　元からあった築山の地面は除草し、整地して**タマリュウ**などの下草を敷き詰めた。

　リノベーション物件の場合、既存の植物や石材などはそこに残る歴史として大切に引き継ぐこともあれば、思い切って取り払うこともある。残して活かすものとそうでないものを整理すること、残したものを美しくして足りないものを付け加えることで、庭の景色は蘇る。

主庭｜砂利やタマリュウで地面の修景をした

ヤマモミジ

公私のバッファーとなる緑

　クリニックと住宅を併設した建築に、パブリック
とプライベートの両方をあわせもつ庭を提案をし
た。1階のクリニック部分と、2階の住居部分に二
つの庭がある。1階の庭は来院者の目を楽しませる
だけでなく、住宅からの景色も意識した樹木を選定
することで、一つの庭をさまざまなシーンから楽し
むことのできるように工夫した庭である。

O-clinic ／ O-house

所在地　　：神奈川県
構造／階数：RC造＋木造2階建
家族構成　：夫婦
竣工　　　：2012年
敷地面積　：650.93m²
建物面積　：432.58m²
建築設計　：acaa

ヤマボウシ

エゴノキ

クリニック兼住宅のパブリックの庭を見下ろす。1階はL字形にピロティになっている　©UEDA Hiroshi

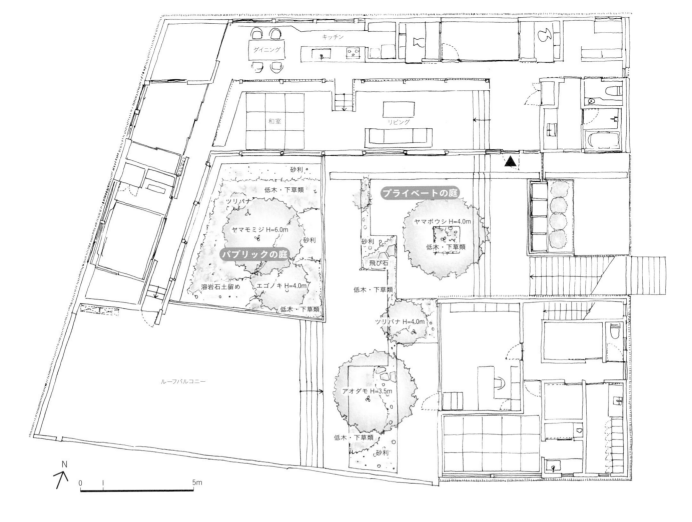

キッチン

ダイニング

和室

リビング

▲

砂利

低木・下草類

ツリバナ

ヤマモミジ H=6.0m

パブリックの庭

砂利

溶岩石土留め

エゴノキ H=4.0m

低木・下草類

プライベートの庭

砂利

ヤマボウシ H=4.0m

低木・下草類

砂利

飛び石

低木・下草類

ツリバナ H=4.0m

アオダモ H=3.5m

低木・下草類

砂利

ルーフバルコニー

N

0　　　　　　　　5m

パブリックの庭｜来院者が利用する駐車場には屋根があり、雨でも快適である

来院者を出迎える躍動感ある緑

L字型のピロティをもち、駐車場から屋根付きの道路が続き、雨でも快適に来院者が利用できる。この通路からクリニックのエントランスに向かう動線に沿った中庭があり、来院者を出迎える重要な場所となっている。2階の住居部分にも面しているため、パブリックとプライベートの緩衝帯となるよう2階まで届く大きな樹木が必要だと考えた。上部で枝の広がりのある**モミジ**を選び、1階からは大きな幹や木陰を、2階からは枝ぶりを楽しむことができる。

地面は築山をつくり高低差をつけることで動きを出し、景色が単調にならないようにした。天気が良い日は富士山が見える土地ならではの素材として、築山の土留めには**溶岩石**を用いた。**キチジョウソウ**と**タマリュウ**、**コケ**を使い築山の地面を覆い、**マホニアコンフューサ**や**ユキヤナギ**など、常緑と落葉の植物を混ぜ入れ修景している。1階から楽しめる景色をつくるため、**モミジ**のほかに**エゴノキ**、**ツリバナ**などを植栽している。

パブリックの庭｜2階まで届き、枝を広げる大きなモミジ

リビングと和室越しにプライベートの庭を見る。右端に下階から大きく広がるのが、パブリックの庭のモミジ

築山の地面を覆うタマリュウ、キチジョウソウ、コケ類

ヤマモミジ

エゴノキ

ユキヤナギ

キチジョウソウ

タマリュウ

溶岩石土留

パブリックの庭｜高低差をつけるために施した築山

デッキに広がる伸びやかな木々の枝ぶり

プライベートの庭｜2階のルーフガーデン

2階の居住部はプライバシー確保のためセットバックして住宅が配置され、前面に広いウッドデッキのルーフバルコニーが設けられている。建築家によって数カ所、土を入れられる植栽帯が用意されていた。この植栽帯は600mmほどの深さがあり、高木も十分に育つことができる深さであったため、**ヤマボウシ**や**アオダモ**などを入れた。居住部分の窓からも樹木を楽しめる。また、高木の足元には1階の中庭とつながるイメージをもたせるために、同じく**溶岩石**を使用し、限られたスペース内も表情をつけて迫力を出している。また地面の仕上げも1階と同じ**キチジョウソウ**、**マホニアコンフューサ**、**ユキヤナギ**を使用することで、統一感を出した。

1階・2階で使用した溶岩石
（1階石積み部分）

プライベートの庭｜植栽部の土が入るところには600mmぐらいの深さがあった。奥はリビングと和室

CASE 23

ハイノキ

ナツハゼ

シマトネリコ

ヒイラギナンテン

キチジョウソウ

木立に佇める通りの顔をつくる

雑木林に囲まれたような庭をもつ3人家族が住む
木造2階建。ファサードの庭はまちを意識して緑溢
れる潤いの空間になった。中庭は、水盤を置いて水
音に耳を傾ける、ウッドチップの足触りを楽しむな
ど、五感で楽しめる仕掛けとした。

TG Residence

所在地　　：岐阜県岐阜市
構造／階数：木造2階建
家族構成　：夫婦＋子
竣工　　　：2010年
敷地面積　：309.82m²
建築面積　：185.68m²
建築設計　：GA設計事務所

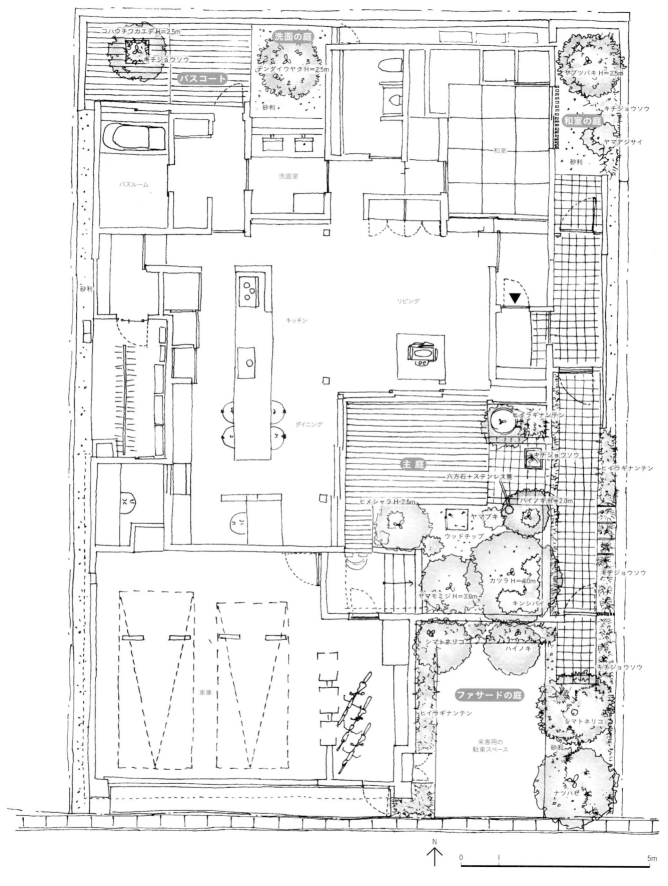

コハウチワカエデ H=2.5m
キチジョウソウ

洗面の庭

デンダイウヤク H=2.5m

砂利

ヤブツバキ H=2.5m

キチジョウソウ

和室の庭

ヤマアジサイ

バスコート

砂利

バスルーム

洗面室

和室

砂利

砂利

キッチン

リビング

ダイニング

主庭

六方石＋ステンレス筧

ヒメシャラ H=2.5m

ヒイラギナンテン

キチジョウソウ

ヒイラギナンテン

バイノキ H=2.0m

ヤマブキ

ウッドチップ

ヒイラギナンテン

カツラ H=4.0m

ヤマモミジ H=3.0m

キチジョウソウ

キンシバイ

車庫

シマトネリコ

ハイノキ

キチジョウソウ

ファサードの庭

ヒイラギナンテン

シマトネリコ

来客用の
駐車スペース

砂利

ナツハゼ

N

0   5m

来客用の駐車スペースがあるファサードの庭は緑に囲まれ、まちにも潤いを与える

まちを豊かにする駐車場の緑地帯

車庫の隣に来客用の駐車スペースを兼ねたファサードの庭がある。正面の塀が約3mと高く、その前に奥行き600mmほどの植栽スペースがある。**シマトネリコ**と**ハイノキ**で塀を背景とした景色をつくり、濃い緑の**ヒイラギナンテン**を根締めの低木に選んだ。背の高い木々を植えると、視線の重心が高くなってしまうところを、**ヒイラギナンテン**でバランスを取る目的もある。駐車場脇には**ナツハゼ**や高木の**シマトネリコ**を植え、緑に囲まれる空間とした。また、木塀越しに中庭の木々の枝葉も顔を出させることで、木立の中に佇むような立体感が生まれている。

余裕のある建物や駐車場の配置は、住まい手に室内外一体となった豊かな空間体験を提供するとともに、まちの景色も豊かにすることができる。

木陰が主役のしっとりした雑木の庭

主庭｜ウッドデッキの脇のタイルの水盤

樹木の好きな庭主からは、植えたい樹種が多種あること、雑木の庭をつくりたいことを聞いていた。そのなかから**カツラ**の木や**ヒメシャラ**を選択して植えている。そのほかには**ハイノキ**、**ヤマモミジ**、**キンシバイ**や**ヤマブキ**などを配している。また雑木林を歩いた時の土の踏み心地を再現するため、地面にウッドチップを敷き詰めている。こうすると、落ち葉の景色ともよく馴染む。今では大きくなった**カツラ**が庭を覆い、心地よい木陰をつくっている。

庭に面したリビング・ダイニングからアクセスできるウッドデッキがあり、脇にはタイルの水盤も設けている。**六方石**から出る焼いたステンレスの掛樋は特注で制作した。盤の裏側、縦の木製ルーバーの向こうには、玄関へと続くアプローチがある。庭にいる時だけでなく、アプローチを歩く来訪者にも水音が聴こえるようにした。水盤の中には植木鉢を沈めて、**カヤツリグサ**などの水生植物を植えた。今では小さなお子さんが水盤に金魚を飼って楽しまれている。

カツラは相当大きくなる木だが、庭主の要望で植えている。ただし大きくなると落葉も増えるため、育った時は近隣に対しては十分に配慮する必要がある。

ヤマモミジ

ハイノキ

カツラ

ヒメシャラ

雑木林の雰囲気を出した主庭

■ 季節の花を楽しむ

　アプローチの奥は、和室から見える小さな庭がある。ここに植えた山採りの**ヤマアジサイ**は、庭主が希望した植木の一つ。アジサイは冬に落葉すると、特に景色が寂しくなってしまうため、奥に常緑樹の**ワビスケツバキ**を植えた。初夏には**ヤマアジサイ**、早春には**ワビスケツバキ**の花を楽しむことができる。奥に常緑樹をもってくると、奥行きを活かしたアイストップになる。足元には**キチジョウソウ**を密植したが、自然とコケが優勢になっている。周りの景色を取り込むことが難しい住宅地は、板塀を効果的な庭の背景とする。

ワビスケツバキ

ヤマアジサイ

ギボウシ

ヤマアジサイ

和室から見えるワビスケツバキ

和室の庭｜数年経ち自然とコケがグランドカバーになっている

▬ 小さな開口部から緑を感じさせる

バスコート｜ウッドデッキに埋もれることなく見えるキチジョウソウ

洗面の庭｜開口から見える常緑樹のテンダイウヤク

　バスコートにウッドデッキが設けてある。中央にはウッドデッキをくり抜いた植栽スペースがあり、建築側の配慮で植栽用の盛り土をウッドデッキのレベルに近づけてくれた。下草の**キチジョウソウ**もウッドデッキに埋もれることなく美しく見えている。**コハウチワカエデ**を主役にし、季節感のある庭とした。

　洗面室からは洗面鏡の下に横長の開口が設けてあったので、その開口から見える高さの常緑樹の**テンダイウヤク**を植えている。この木の根は漢方薬としても使われることから、庭主の職業である医の象徴と家族の健康を願って提案した。

CASE 24

まちの森に育つ原っぱの庭

1970年代に開発された住宅地に建つ六角形の住宅。宅地造成する前にあった森のような景色をつくりたいという設計者からの要望を受け、この地域の植生である樹木を選定した。今は広い芝生の印象が強い庭だが、5年、10年と年月が経ち木が成長し森の木立に囲まれた家になることを想定している。

志賀の光路

所在地　　　：愛知県
構造／階数：木造2階建
家族構成　：夫婦＋子3人
竣工　　　：2014年
敷地面積　：225.48m²
建物面積　：68.71m²
建築設計　：佐々木勝敏建築設計事務所

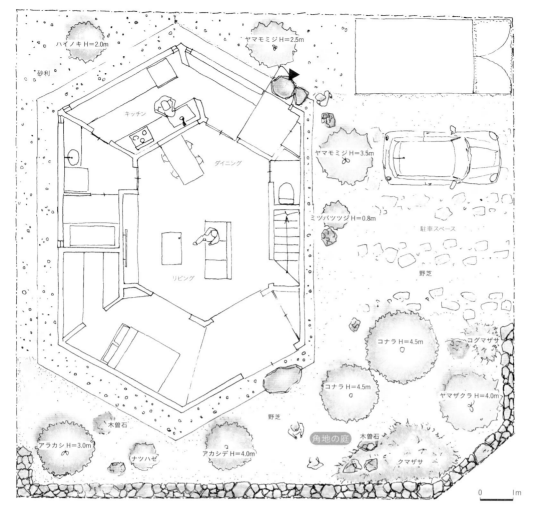

ハイノキ H=2.0m

ヤマモミジ H=2.5m

砂利

キッチン

ダイニング

ヤマモミジ H=3.5m

駐車スペース

ミツバツツジ H=0.8m

リビング

野芝

コナラ H=4.5m

コグマザサ

木曽石

コナラ H=4.5m

ヤマザクラ H=4.0m

アラカシ H=3.0m

ナツハゼ

アカシデ H=4.0m

 角地の庭

木曽石

クマザサ

野芝

0　　　1m

N

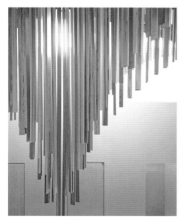

天井と壁の間にスリット状の採光をとっている

大きな樹木のような木製のルーバー。上部の採光スリットから木洩れ日のように光を貯める

角地に建つ六角形の住宅。建物を奥に配置してオープンな庭をもつ

■ 庭が延長した芝生の駐車スペース

野面積み

乱積み

 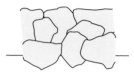

小端積み

石積みの種類

　庭主からは、庭でバーベキューをしたい、車3台分の駐車スペースがほしいという要望があった。道路面から住宅までの高低差は道路境界部に石積みを施し、盛り土をすることで居住部と庭をフラットに仕上げている。周辺にあった森の植生に近づけるため、近辺で生えている樹種である**コナラ**、**ヤマモミジ**、**アラカシ**、**アカシデ**、**ヤマザクラ**、**ミツバツツジ**、**ナツハゼ**を選んだ。

　駐車スペースも庭と地続きの**芝生**で覆い、車の轍ができるところにはコンクリートではなく自然石を配して森の景色の一部と位置づけるなど、森に囲まれて住むというコンセプトを崩さない仕上げとした。角地の道路面から控えて建つ住居のボリュームと対比的な、柵や塀のないオープンな庭がまちの景観に寄与していることが評価され、愛知まちなみ建築賞を受賞している。

庭の木々に与えられた役割

▪ 開口の少なさを利点と捉える

石が棚田の中に露出する原風景を思わせる景色

　開口が少ない家はまちに閉じた印象をもたれがちだが、プライバシー確保のための塀などを設ける必要がない利点は大きく、外構部はかえってまちに開きやすい。開口が少ない建物の場合は、室内からの見えに最大限配慮しつつも、内部との関係性ばかりに注力せず、まちと接続すつ価値を考えることも一つの庭のあり方である。

　御影石が取れる地域であるが、より森のイメージを保つため岐阜県東濃地方から採れる**木曽石**を使っている。景石や石積みにはこだわり、野面積みという方法で土留めをつくっている。力を分散させながら組むコツが必要となるが、この土地に住む人々がまちの履歴を感じられる庭となるよう、山や棚田の中に石が露出し点在している土地の原風景をイメージしながら景石を配置していった。

　また、建物から庭の出入り口には高低差があるので、厚みのある自然石を配して、庭と家の動線をつなぐようにしている。出入り口にアプローチする石だけでなく、同じ種類の石を景石として点在させることで統一感を図っている。

自然石を配置した駐車スペース

Column 01 | 商店街の小さな森

大判の鉄平石を用いた飛び石　©Ludovica Anzaldi

岐阜市の柳ヶ瀬商店街にあるビルの空地再利用。福祉施設と賃貸住居とテナントが入った複合ビルの敷地内にあるオープンスペースである。レストランが入居する際、デザイナーから柳ヶ瀬商店街の中に森をつくりませんかと依頼を受けた。ビルと背の高いアーケードに囲まれた計画地でも、周囲の建物に負けない存在感のある大きな木を植えている。

Yanagase forest project

所在地　　：岐阜県岐阜市
竣工　　　：2015 年
空地面積　：45.21m²
建築設計　：DesignWater

長良橋通り

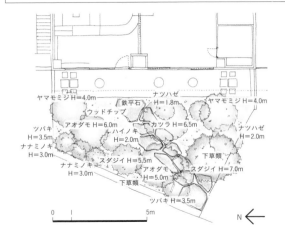
ヤマモミジ H=4.0m　ナツハゼ
鉄平石　H=1.8m　ヤマモミジ H=4.0m
ウッドチップ
ツバキ　アオダモ H=6.0m　カツラ H=6.5m　ナツハゼ
H=3.5m　ハイノキ H=2.0m　H=2.0m
ナナミノキ
H=3.0m　スダジイ H=5.5m　下草類
ナナミノキ　アオダモ　スダジイ H=7.0m
H=3.0m　H=5.0m
下草類
ツバキ H=3.5m
0　1　　　　5m　　　N ←

竣工当初の柳ヶ瀬商店街の森

ビル群を森と見立てる

ビルのオーナーを巻き込んで、建築空間と一体となった都会の森をつくるという計画だった。シンボルとなる木は、雑多なまち並みに負けない大きな**スダジイ**である。商店街の 2km 圏内にある金華山の植生を参考に、土地に根ざした風景を**スダジイ**、**ツバキ**、**モミジ**、**カツラ**など候補にしてつくることとした。なかでも、金華山の名前の由来となった"金の華（シイノキ科の華）"である**スダジイ**を選択した。向かいのパチンコ屋さんのネオンがどうしても気になるというオーナーの要望を受けて、竣工後も少しずつ木を足しており、現在は目にも鮮やかな緑地帯に成長した。

昔は柳ヶ瀬銀座と呼ばれ栄えた商店街も、空きテナントが増え、再生の手がかりを探る今回の試みは、それなりに発想の転換が求められた。たとえば、ビルやアーケードに挟まれた立地でも、周りの構造物自体を森と見立てると、ほどよく日が差す森のような環境と捉えられる。日当たりが良すぎない環境がよかったのか、3 年目も木々はよく成長している。人にも植物にも、思わぬ心地よい環境が生まれ、両者にとって無理のない最適解となった。

商店街の中にある計画地

（上）アーケード街に出現した森 ©Ludovica Anzaldi
（下左）敷地から商店街を臨む。常緑樹で森の世界観を保った ©Ludovica Anzaldi
（下右）店内から見る森

心地よい通り抜け動線

テナントへのアクセス動線として整備した植栽帯ではあるが、もともと店だけのものにするつもりはなく、道ゆく人の休憩場所としてデザインしている。木々の下にテーブルや椅子を配置して、休憩スペースを確保し、森の中を散策するような感覚を味わえるよう地面には森に生えている**ヤマブキ**や**ハギ**、下草を配し、ウッドチップを敷いて柔らかい土の踏み心地も再現した。なお、商店街という立地上、喫煙者などを含む不特定多数の人が利用することを考えて、ウッドチップは難燃性のものを利用している。歩きやすさを考えて、大判の**鉄平石**の飛び石でアプローチもつくっている。

ウッドチップは、足触りが気持ちいい反面、商店街に買い物に訪れる人々にとっては靴のヒールが挟まって歩きづらく、雨の日は足元が汚れそうで通行を避ける人も多いので、飛び石を据えるなどの配慮が必要となる。

Column 02 ｜ リハビリのための緑道

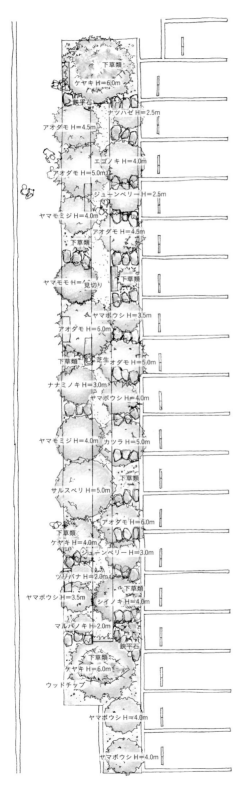

下草類
ケヤキ H=6.0m
鉄平石
ナツハゼ H=2.5m
アオダモ H=4.5m
エゴノキ H=4.0m
アオダモ H=5.0m
ジューンベリー H=2.5m
ヤマモミジ H=4.0m
アオダモ H=4.5m
下草類
ヤマモモ H=見切り
下草類
ヤマボウシ H=3.5m
アオダモ H=6.0m
下草類 オダモ H=5.0m
芝生
ナナミノキ H=3.0m
ヤマボウシ H=4.0m
ヤマモミジ H=4.0m カツラ H=5.0m
下草類
サルスベリ H=5.0m
アオダモ H=6.0m
下草類
ケヤキ H=4.0m
ジューンベリー H=3.0m
ツリバナ H=2.0m
下草類
ヤマボウシ H=3.5m
シイノキ H=4.0m
マルバノキ H=2.0m
鉄平石
下草類
ケヤキ H=6.0m
ウッドチップ
ヤマボウシ H=4.0m
ヤマボウシ H=4.0m

緑のトンネル通路

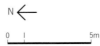
N ←

0　1　　　　　5m

岐阜市の近石病院。外来棟と入院棟の間に駐車場を挟むプランへの建て替えに伴い、この2棟をつなぐ連絡通路の庭を計画した。入院棟には脳梗塞などの患者さんがリハビリを行う施設もあるため、連絡通路の庭もリハビリのための歩行空間を兼ねて計画した。駐車場にも面しているため、駐車場から庭への動線も考慮している。

近石病院

所在地　：岐阜県岐阜市
構造／階数：RC＋S造6階建
竣工　　：2015年
敷地面積：3888.4m²
建築面積：1529.5m²
庭面積　：194.83m²
建築設計：大建met

緑のトンネルで歩行訓練

　リハビリ患者の歩行訓練スペースでもある連絡通路には上部に屋根のある部分とない部分がある。天気の良いときには屋根の下ではなく植栽の中を歩いてもらいたいと考え連絡通路と並行した芝生の道を、両脇には高木を配して緑のトンネルをつくっている。

　通路の両端にはアイストップになる**ケヤキ**を植えた。緑のトンネルには**アオダモ**、**モミジ**、**ヤマモモ**、**シイノキ**、**カツラ**、**サルスベリ**、**エゴノキ**、**ナナミノキ**、**ジューンベリー**、**マルバノキ**などを配した。

　常緑樹・落葉樹を混植することで、四季を楽しみながらリハビリができる。

緑のトンネル通路提案 CG1

緑のトンネル通路提案 CG2

緑道を横切る動線も確保

　緑のトンネルを横断できる駐車場と連絡通路から**芝生**エリアにかけて、それぞれ**鉄平石**を使い相互にアクセスできるようにした。

　通路の間には6カ所に休憩用のベンチも備え付けた。

　駐車場から見ると約50mの長い歩行空間だが、植栽でリズムをつくり、沿道の景観にも寄与していることから、2017年の岐阜市景観賞を受賞した。駐車場はたいてい、駐車台数を確保することが最優先になってしまう。植栽をしなければならない地域条例がある場合も、言い訳程度の植栽が多いが、工夫次第で大きな付加価値にもなり得ると考えている。

連絡通路から望む緑のトンネル

第2部
作庭の進め方

第2部では、実際に庭をつくるための手法、材料、工程を紹介していきます。「敷地と建築を読む」では作庭を始めるときに考えなければならない立地環境や庭主の希望について、「木を選ぶ」ではその場所にふさわしい木と樹形の選び方について、「移ろう景色をつくる」では庭の空間を美しくさせる要素の効果的な仕様方法について、「素材の選び方」ではメインとなる高木や中木を引き立てる素材について紹介をしています。最後の「事例で読む木の役割」では実際に1つの庭ができるまでの工程を、計画から完成まで順を追って収録しました。

1 敷地と建築を読む

庭だけでは完結しない

　庭の計画は、与条件との関係性を読み解くことからスタートする。建築に対して、まちに対して、ここでなにができるか、なにをするべきか考えることに、計画のヒントやアイデアが必ず潜んでいるからだ。
　庭主の要望、建築やインテリアの趣向、立地条件、気候条件、土地柄や歴史など、さまざまな手がかりがある。視野を広げて庭を計画することで、ただ美しいだけでなく、その土地や状況のポテンシャルを存分に引き出す庭をつくることができる。

現地調査のポイント

　まずは計画地を知ることである。敷地の立地、気候、方角、高低差、周辺環境、周辺景色、眺望などその土地の特性をつかむための情報収集は欠かせない。
　敷地の立地条件や方角を知ることで、光の入り方や影のできる場所がわかり、どこに植栽をするべきか、ということが見えてくるだろう。また気候を知ることで樹種選択のヒントが見つかる。周辺に緑豊かな公園があったら、その公園の緑と庭の景色をつなげることができるし、眺望が良いところではその眺望を活かした演出ができる。一方、隣家のプライバシーなど隔てるべき関係性があれば、それを遮断するということも考えられる。
　また、敷地や建築などから庭のスケール感を感じ取ることが重要である。スケール感を念頭に置けば、バランスの良い景色をつくることができる。図面だけでは見誤ることもあるので、現地に行き実際に感じ取ることが大切になってくる。
　庭の景色は、ときに建築の存在感を中和し、まちに馴染ませる効果もある。周辺環境を丹念に観察し、その建築が背景となる各視点場に立って見ることも大切だ。

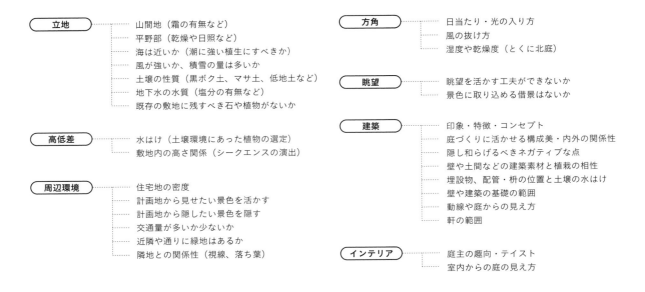

立地
- 山間地（霜の有無など）
- 平野部（乾燥や日照など）
- 海は近いか（潮に強い植生にすべきか）
- 風が強いか、積雪の量は多いか
- 土壌の性質（黒ボク土、マサ土、低地土など）
- 地下水の水質（塩分の有無など）
- 既存の敷地に残すべき石や植物がないか

高低差
- 水はけ（土壌環境にあった植物の選定）
- 敷地内の高さ関係（シークエンスの演出）

周辺環境
- 住宅地の密度
- 計画地から見せたい景色を活かす
- 計画地から隠したい景色を隠す
- 交通量が多いか少ないか
- 近隣や通りに緑地はあるか
- 隣地との関係性（視線、落ち葉）

方角
- 日当たり・光の入り方
- 風の抜け方
- 湿度や乾燥度（とくに北庭）

眺望
- 眺望を活かす工夫ができないか
- 景色に取り込める借景はないか

建築
- 印象・特徴・コンセプト
- 庭づくりに活かせる構成美・内外の関係性
- 隠し和らげるべきネガティブな点
- 壁や土間などの建築素材と植栽の相性
- 埋設物、配管・枡の位置と土壌の水はけ
- 壁や建築の基礎の範囲
- 動線や庭からの見え方
- 軒の範囲

インテリア
- 庭主の趣向・テイスト
- 室内からの庭の見え方

敷地と建築の読み解き

▬ 庭主との対話

庭主との対話はなによりも大切である。実際に暮らし、メンテナンスをするのは庭主である。芝生で子どもを遊ばせたい、ブランコなどの遊具がほしい、ピザ釜がほしい、実のなる植物を植えて収穫したい、家庭菜園がしたい、庭に咲いた花をおもてなしに生けたい、庭でキャンプがしたい、砂場がほしい、大きな木がほしい……。庭を楽しむ要素は多種多様だ。そしてあの木を植えたい、この木を残したいというような思い入れのある要望から、茶庭にしたい、リゾート気分を味わいたいなど庭全体のイメージへの要望、プライバシーを保つため目隠しが必要といった周囲との環境から生まれる要望もある。

気を付けたいのは、メンテナンスのコストや維持管理の手間だ。雑草が嫌だ、虫が嫌い、落ち葉が困る、毎日水やりはできない、など生き物としての庭の世話についてはよく話して考えなければならない。

「お任せします」と言われることも多いのだが、庭をどのように使い楽しんでもらえるか、という視点がない限り、すぐに管理が立ち行かなくなることもある。

庭をつくるコストはできるだけ早い段階で明らかにしたい。屋外空間でなにがしたいかというアイデアを建築の計画時から加味しておけるよう、概略の造園計画も同時に相談することがおすすめだ。

そうはいっても、どうしても予算のしわ寄せを受けるのが造園工事である。作庭に入る段階でもやはりコストコントロールに工夫が必要となる。暮らしのなかで重要な場、建築の見せ場などを優先して計画する。植木の高さやボリュームにメリハリをつけ、たとえ最小限の手数でも効果的な景色をつくり出す発想力が求められる。

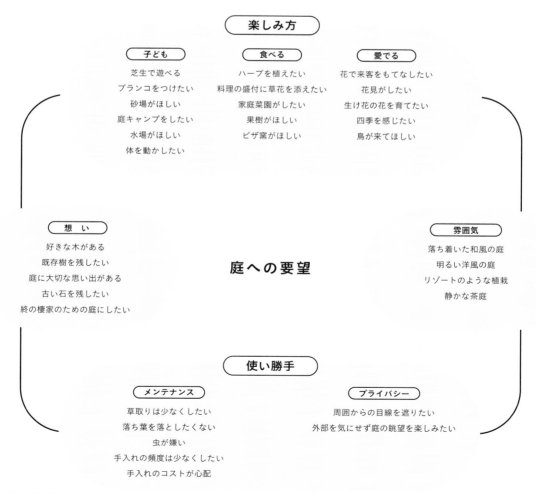

楽しみ方

子ども
芝生で遊べる
ブランコをつけたい
砂場がほしい
庭キャンプをしたい
水場がほしい
体を動かしたい

食べる
ハーブを植えたい
料理の盛付に草花を添えたい
家庭菜園がしたい
果樹がほしい
ピザ窯がほしい

愛でる
花で来客をもてなしたい
花見がしたい
生け花の花を育てたい
四季を感じたい
鳥が来てほしい

想い
好きな木がある
既存樹を残したい
庭に大切な思い出がある
古い石を残したい
終の棲家のための庭にしたい

庭への要望

雰囲気
落ち着いた和風の庭
明るい洋風の庭
リゾートのような植栽
静かな茶庭

使い勝手

メンテナンス
草取りは少なくしたい
落ち葉を落としたくない
虫が嫌い
手入れの頻度は少なくしたい
手入れのコストが心配

プライバシー
周囲からの目線を遮りたい
外部を気にせず庭の眺望を楽しみたい

さまざまな庭への要望

ー2 木を選ぶ

ー その場にふさわしい木を考え抜く

　庭の計画時に最も悩ましいのは、その建築に合った樹種の選択である。建築が与える印象、インテリアや庭主の趣向、地域性、立地、気候、土壌、メンテナンス性、木のもつ雰囲気、樹木生産の有無などさまざまな角度から考えなければならない。

　見た目や雰囲気がその家に合うとしても、気候風土によっては育ちにくいケースもあり、慎重に選ばなければならない。日本の気候風土に合わない外来植物を庭主が希望される場合もあるが、そこで育っていくことができなくてはそもそも美しい景色はつくれない。要望に応えられない時こそよりよい提案ができるように、多様な引き出しをもっておくことも大切だ。植木の生産者との会話などから得る知識など、多くの選択肢をもつことは幅広いデザインを生み出すことにつながる。

　与えられた場所でなにができるかを考え抜きふさわしい木を提案するのが、庭づくり最大の仕事ともいえる。

庭主が希望したブラシノキやワシントンヤシ、チャメリプスなどを植え、多国籍の雰囲気を出した。これらは通常暖かい気候の好むが、この地域でも育つ寒さに強い種類にした

道路越しの森と景色をつなぐように、庭に大きなモミジを植えた

２階まである吹き抜けの縦に大きな間口に合わせて背が高く枝ばりも見劣りしないカツラの木を選択した

▬ 木に立つ瀬を与える

　庭に植える植物にはそのどれもに役割がある。主役から脇役まで、木々の配置を立体的に見極め、見せたくないものを遮る目隠しとしての枝葉、散策路や回遊動線の重心となる幹や緑陰などさまざまな役割を与えながら計画する。造園計画の平図面に樹木の○印は簡単に描けるが、それが空間構成や人にとって意味のある○かどうかを考えて計画することが大切である。

アラカシ
隣地との結界となる植栽

アカシデ

ナツハゼ

芝生
BBQなど広場に使用するスペースを
空けながら空間のバランスを取る役割

コナラ
開口から見える植栽

クマザサ
奥行きをつくるための手前の景色

ヤマザクラ
シンボルとなる植栽
角地のアイストップ

ヤマモミジ
エントランスに迎い入れる植栽

コグマザサ
奥行きをつくるための手前の景色

CASE24 志賀の光路に見る、植える木の役割

▬ 役割の見極め方

　役割を与える、というのはなにも難しいことではなく、どこに植栽をしたらいいのだろう、と考えた時点ですでにその検討は始まっている。たとえば、ここに緑があったら気持ちがいいだろう、窓から枝が見えたら綺麗だろう、隣の家が近いから目線を遮りたい、などの気づきを起点に一つひとつの木を配置していく。

　開口部の前なら、そこには「楽しむ」という役割を与えるのも良い。2階から枝葉の見えが美しい木を植えたり、大きな開口部であれば樹形全体を見せたりと、手法も多様だ。

　狭小なアプローチの植栽なら、その狭さを緩和するために「奥行きをもたせる」という役割を与えることもできる。木を前後に配するだけで、遠近感を生むことができる。枝がアプローチにかかるように植えると、まるで森の中を散策するようなひとときの体験を生み出すことができる。

　隣地と接してしまう境界部には「隠す」という役割もあるだろう。生垣にして隣との目線を切るという役割を木に与える。

　もちろん、役割以前にその場所で育つ木かどうかは大

前提として考える必要もあるし、空間を引き立たせるため塩梅も大切だが、これらは結局、住む人によって必要とされる役割を考えるということだ。役割を与えるということは木と庭主の"関係づくり"の最初の一歩なのであり、それがうまくかたちになれば暮らしのなかで庭をもっと大事にしてもらえることだろう。

隣地との結界

アプローチで出迎える
外観を美しく魅せる

駐車スペースのアイストップになる

外観を美しく魅せる
アプローチで出迎える

景色のバランスをとる
２階からの風景

アプローチに奥行きを持たせる

外観を美しく魅せる

主庭のメイン
道路からの視線を遮る
アプローチに奥行きを持たせる
２階からの風景

アプローチに奥行きを持たせる

外観を美しく魅せる
道路からの視線を遮る

N

0 1 5m

室内からの景色をつくる

外観を美しく魅せる

外観を美しく魅せる

ある住宅の植栽例

■ 木の育った環境を想像しよう

　同じ種類の樹木でも、同じ形の木はない。一つひとつの樹形をよく観察し、どんなシーンに合う木なのか想像しながら選ぶ。

　木が育った環境を想像することは近道の一つだ。木の育った環境と樹形の関係はとても素直で、枝は日光に向かって伸びる。

　たとえばモミジの木を見てみると、広々としたところで周りに邪魔をされずに育ったモミジは、のびのびと四方に枝を張った樹形になる。一方、周りに樹木が茂っている場所で育ったモミジは、隣り合う木々の枝葉を避けながら光を採るために上へ上へと向かって成長する。そして上の方に葉を茂らせた樹形になっていく。同様に、片側に大きな樹木があるときには、その反対側に枝を伸

ばした片枝の樹形になる。日光との関係で樹形ができる背景が見えてきたら、次はその樹形をどう活かせるのかを考える。まずは育った場所に近い環境を用意してみるとよい。先ほどのモミジで考えると、のびのびとした樹形なら、やはり同じよう周りになにも植えず、上に伸びる樹形なら下の余地に人が通れるような場所や、駐車場に活用できる。また、片枝のモミジだったら、壁の前や近くに植えるとその傾きが活かされる。

　樹木は自分で動けない。その樹形がどうやってできたのかを想像し、尊重することで、木にも人にも適した環境をつくることができる。

木の選び方

たとえば、同じ種類のモミジでも図のようにさまざまな樹形がある。庭の場面に合わせた樹形や大きさの木を探す作業は庭づくりに欠かせない。

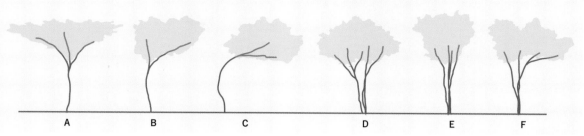

A　B　C　D　E　F

① 壁沿いの樹形
建物や壁に沿って植栽する場合には B や E の樹形を選ぶとよい。B は片枝の樹形のもの。背中がある樹形のものを選ぶとよい。壁の高さによっては A や E のような樹形も、内外の空間を効果的に彩る景色となる。

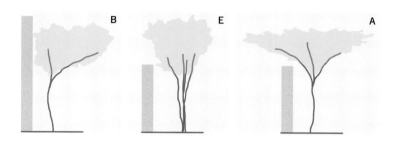

B　E　A

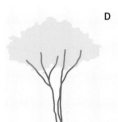

D

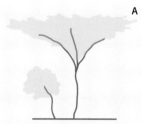

A

C　C'

② 広場の樹形
広場のように 360°周囲から見えるような場所では D のような樹形が最適。

③ 寄せ植えの樹形
木の懐に他の木を組み合わせることもできる。

④ 傾斜地の樹形
C の幹に曲がりがあって癖のある樹形のものは傾斜地に使ったり、ほかの木を組み合わせてもよい。

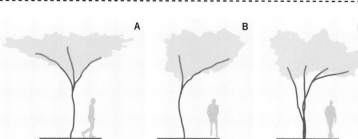

A　B　F

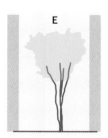

E

⑤ 人を包む樹形
アプローチなど木の懐を使って人を歩かせることができる。A や B や F のように 1 本でも、A+A' のように 2 本でも効果的。

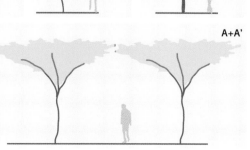

A+A'

⑥ スリムな樹形
幅が狭い場所に最適。

このようにさまざまな組み合わせが考えられる。植える場の条件や用途に合わせた木の選択が必要となる。

庭の主役になる樹木

　とある住宅を例に木の選び方を考えてみたい。
大きな庭に面して木製建具の大開口部がある木
造平屋建の住宅だ。庭の主役は大株のシマトネ
リコである。大きな開口部の目の前に広がる芝
生の中に、枝張りの横幅が 6m ほどある大きな
シマトネリコを植えた。平屋の低い目線の開口
部から高さ 4m のシマトネリコを楽しめるよう
にしたかったのが、下から横枝のある木を探し
た理由である。樹形がとてもめずらしいこの木
は、たまたまめぐりあった 1 本だった。その場
に合う木を探し当てたとき、つくづく木との出
会いは一期一会だと感じる。

枝張り 6m、高さ 4m のシマトネリコ

ファサードを彩る

　一方、住宅街に面したファサードをもつこの住宅の場
合は、駐車場と住宅の間にコンクリートで囲われた植栽
帯がある。駐車場から 800mm ほど立ち上がってレンガ
目地に積んだコンクリートブロックのデザインに馴染む
ように 3 カ所の窓からの景色を意識して木を配した。コ

ンクリートブロックの存在感を和らげるために、ヘデラ
のツルを垂らし、低木や下草類を入れた。
　このように、場所や立地によっても求められる役割や
ふさわしい佇まいは異なる。

高木で建築を、低木やツル類でコンクリートブロックを和らげている

━ "隠す" から "楽しむ" への価値転換

目隠しにも、いろんな方法がある。隠したい対象が家の中からの見えなのか、それとも外からの見えなのかなどよって対策は変わる。庭の雰囲気も考慮しなければならない。

まず考えられるのは生垣である。壁のように人の視線を遮ることができる。1種類の木でつくることもあれば、混垣といって数種類の木で多様な表情を出すこともあり、高低差を組み合わせれば動きも出るし、多種類の葉の色や形を選べば見た目も楽しいものになる。

1本で隠すこともある。たとえば室内から隣地の見えを隠したい場合は、開口部の前に存在感のある樹木を配する。高い樹木の下に低木を植え、2段構えにしてもいいし、背の高さだけでなく、疎密もバラバラにしてもいい。

こうした手法を組み合わせることで、"隠す" というネガティブな発想も、いろいろな表現を "楽しむ" ことへ価値転換が可能となる。

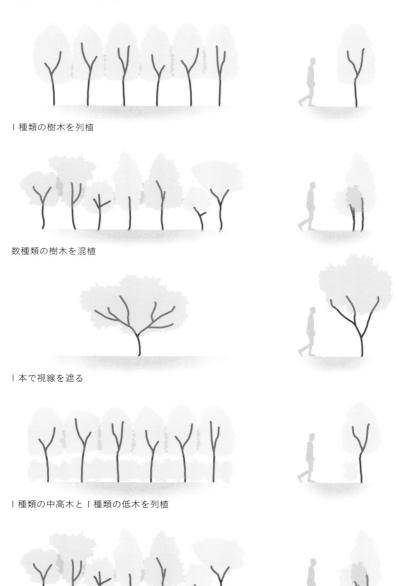

1種類の樹木を列植

数種類の樹木を混植

1本で視線を遮る

1種類の中高木と1種類の低木を列植

数種類の中高木と数種類の低木を混植

目隠しになる植栽の配置例

3 移ろう風景をつくる

■ 自然を切り取ったかのような居心地

日常の生活のなかに森や山野の景色を取り込むことが庭に求められる最大の役割だ。庭一面に風景を再現することもあるが、限られた空間で引き算の作庭が必要な場合は、あえて正方形・長方形・丸・直線・曲線などで結界をつくり、切り取った景色を強調することも多い。鉄板やステンレスを用いて景色をもちあげたり、引き立たせたりしても効果的だ。長方形のスペースには長方形、台形のスペースには台形、正方形のスペースには正方形などで切り取ると余白の納まりにも無理が生じにくい。

直方体と組み合わせて風景を切り取る例

車道のロータリーと建物の曲線に合わせて景色を切り取った例

■ 木洩れ日の美しさ

庭という空間を味わうために欠かせないものの一つに、木洩れ日がある。地面や壁に降り注ぐ木洩れ日に、何度も見飽きることなく目を奪われてしまうのは、影となったときに初めて気づく樹木の美しさがあり、木洩れ日に動きがあるからだ。

時間とともに映る大きさや場所を変え、風や光の量によって瞬時に変化していく景色をつくる。太陽とともに時間や季節の変化を捉え、目に見えない風の動きも可視化できてしまう。

庭づくりに木洩れ日をうまく取り入れれば、それだけで空間の表情をより豊かに膨らませることができる。一つの庭に美しい樹木のシルエットがあったとする。それだけでも充分かもしれないが、その樹木に太陽の光が当たり、シルエットの影が壁や地面に映ることで、空間はより立体的に認知されうる。

この立体感をより効果的に表現するためのコツは、景色の"ノイズ"、つまり不要な物陰を取り払うことだ。たとえば、庭の構成要素を白色の壁と白色の地面だけに絞ることにより、余分な景色を取りのぞき、木洩れ日を最大限に楽しめる空間に仕上げている。建築や庭をよりミニマム（シンプル）にしていくと、普段その存在に気づくことの少ない木洩れ日を、より鮮明に感じることができる。

白い壁で景色のノイズを取り払い、木洩れ日を最大限に見せる

外壁と笠木のスリットから一直線にのびる光の筋と木々からの木洩れ日

大きなカツラの木洩れ日は空間に立体感を生み出す

4 素材の選び方

■ 低木・下草類

　大きな樹木の配置が決まったら、その周りを彩る低木や下草類も選択していく。高木と同じように、植物の育った環境などを踏まえつつ、建築のコンセプト、庭主の趣向に合うものを選択する。メインとなる樹木選定と異なるのは、組み合わせ次第で多様なバリエーションをつくれることである。シンプルに1種類の植物を密植したり、複数の植物を寄せ植えしたり、花の色を一色に統一しながら2〜3種類を組み合わせたり、場の特性を見極めつつ、無限にある組み合わせからイメージに合う選択をする。細長い葉・丸い葉・大きな葉・小さな葉など葉の形や大きさ質感を考えつつ、深い緑なのか、明るい緑

なのか、赤・黄・紫・シルバーなどのカラーリーフを混色するのかによって、全く違う印象をつくり出すことができる。植物のフォルムによっても表情は大きく変わる。ピペリカムヒデコートなどであれば丸みのある立体的なボリュームを楽しむことができるし、さまざまな色の種類があるニューサイランは、直線的に伸びる葉の形を活かし揃えて植えたり、混植のアクセントにしたりと多様な役割を担ってくれる。

　こうした配植術はとにかく引き出しを増やすためのインプットが大切だ。造園の専門書はもちろん、日常のまち並みにもたくさんのヒントが潜んでいる。

シルバープリベッド

ヒペリカムヒデコート

マホニアコンフューサ

ヤマブキ

ニューサイラン

ヒメクチナシ

▬ グランドカバープランツ

広い面を覆うグランドカバープランツはいくつか種類があるが、庭をどのように使うか、どのように見せたいかによって選択していく。

ここでは、筆者がよく使うものの種類と特徴を紹介する。

芝生

明るい緑色が広く好まれる。踏圧に強く、子どもが庭で走り回ることができる点でも重宝されるが、除草や芝刈り、施肥などのメンテナンスが必要。日陰や水はけの悪い場所には向かない。

コケ

光の条件によってさまざまなタイプがある。環境に合わないと衰退してしまう難しい植物。除草や掃き掃除をマメにするなどのメンテナンスが必要る。

ディコンドラ（種まき）

半日陰で湿気の多い場を好む。小さな丸い葉で可愛らしいイメージ。播種（種まき）するものなので安価だが、踏圧に弱い。

タイム

ハーブの仲間なので爽やかな良い香りがする。4〜6月には一面に花が咲き、特に綺麗である。踏圧に弱い。

リュウノヒゲ

日陰の庭に向き、ツヤのある濃い緑の葉は毛足が長く、常緑のため四季を通して楽しむことができる。踏圧に弱い。

タマリュウ

リュウノヒゲの矮性。同じく日陰にも耐える植物で、常緑なので冬の間も緑を楽しめる。踏圧に弱い。丈夫であるが乾燥には強くない。

石の選び方

石は庭に欠かすことのできない重要なアイテムの一つでさまざまな用途がある。

景石

景石とは、景色をつくるために単独で置く石のことで、日本庭園ではバランス良く置くことを石組みとも呼ぶ。石の大きさや高さに強弱をつけ、空間のバランスをとる。山で採れる山石、川で採れる川石、海で採れる海石など産地もさまざまで、表現したい場によって使い分ける。海石や川石は長い時間をかけて少しずつ水に削られることよって角が丸いものが多く、山石は角があるものが多い。

金沢のホテル。地元の景石を使用した

既存の景石を再構成した庭。高さに高低差をつけてバランスをとっている

石積み

　高低差のある場所の土留めとして組み上げる、石の壁を石積みという。乱形（不揃いな形をした石）で面のある石材は、積み上げた面を揃える「**野面積み**」に用いる。また、不揃いな面をもつ乱形の石を不規則に積み上げる「**乱積み**」や、層状に割れる石の小口を揃えて積む「**小端積み**」などがある。石の特徴を踏まえて積み方を変えるだけで大きく印象が変わる。

　面を揃える野面積みは、直線的で整然とした印象を与えることができる。乱積みは荒々しい石の表情を見せることができ、小端積みは一つひとつの石の大きさを調節できるため直線にも曲線にも積むことができる。

小端積みの作庭例

野面積み

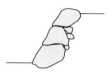

乱積み

小端積み

野面積みの作庭例1

野面積みの作庭例2

石張り

石を使って地面を仕上げることを石張りという。使用する石の種類や張り方によって印象が大きく変わる。乱形で板状の石をパズルのように張っていく乱張り、正方形や長方形に加工された板石を張る方形張り、正方形や長方形の板石を組み合わせて張る方形乱張り、一様な小石を敷き詰めたあられこぼしなどがある。石張りは目地の幅で仕上がりの表情が大きく変わるため、間隔に気をつけながら配置する。たとえば、目地の深さを深くとると石の厚みが感じられ、力強い素材の陰影を見せることができる。反対に目地を浅い目地にするとその表情もおとなしく見える。石の色味や素材感や張り方はさまざまなので、計画地に合った選択が必要である。

方形乱張り（ノミ切り）

方形乱張り（割肌）　　　方形張り（エイジング仕上げ）　　　乱張り

飛び石

表面が平らな石を歩幅に合わせて据え、庭に人の動線を埋め込む手法。乱形の自然石を張る方法や方形に加工されたものを張る方法がある。方形なら直線的に、乱形なら曲がりをつけた動線となり、人の歩みを導く。飛び石が表面に出る高さのことをチリといい、チリを大きくすると石の厚みを見せ存在感を高めることができる。

大谷石切石（コービン仕上げ）　　　鉄平石　　　恵那石

■ 植物以外のグランドカバー

　植物以外の地面の仕上げは砂利敷き、ウッドチップなどがあり、あえて土を見せる場合もある。砂利敷きの際はサイズや色目などの選択に注意が必要となる。砂利は細かすぎるとネコのトイレになってしまう場合もある。大きすぎると素材のゴツゴツとした表情も出やすいが、その反面歩きづらくなる。大きいものでは、ゴツゴツとした表情が味わい深い割栗石が代表的だ。砂利の色味もグレー系、青系、茶系などさまざまある。白系もあるが、真っ白の石は後で汚れが目立つので注意が必要だ。砂利やウッドチップを表面に敷くことは、雑草が生えにくくなり、かつ表面の乾燥を防ぐ役割もしてくれるので、メンテナンス上も効果的である。

砂利の作庭例

ウッドチップの作庭例

割栗石の作庭例

一5 事例で読む木の役割

ー 緑でつなぐ立体的な回遊動線：ガレリア織部

　ここからは、実践の現場における作庭の手順を紹介していく。「ガレリア織部」という岐阜県多治見市にあるギャラリー・店舗・カフェ施設の中庭の作庭プロセスである。計画地は1階にカフェスペース、店舗スペース、ギャラリーに囲まれた中庭をもつ。庭を中心に回廊がめぐることから、中庭の求心性は高い。中庭は2層（一部3層）吹抜けになっており、2階のテナントからも緑が楽しめるよう景色をつくっている。

　1階の景色はダイナミックに枝が広がる大きなヤマモミジをシンボルツリーとした。主役となりアイストップにもなるこのヤマモミジだが、一方で樹木の枝葉を透かし剪定することで回廊の奥行きも見せている。ヤマモミ

ジの周囲には2階まで届く高さ6m以上のアオダモを点在させた。アオダモは下枝が少ない樹形で、上で枝が広がるものが多い。幹の白い斑点模様が美しいので、1階ではこの幹を見せることとした。2階に伸びる木々として、アオダモの他にヤマモミジも1本入れている。シンボルツリーのヤマモミジと同じ樹種でありながら、成育した環境の違いによって全く異なる樹形を選んだ。樹木を立体的に配し、木々の根元に添えるように低木や下草を選び、色や密度のバランスを取るためと、1階からの目線に枝葉を伸ばし景色を彩るハイノキ、ナツハゼ、アセビも加えている。

アオダモ
①手前にあることで奥行きをだす
②1Fでは幹を見せる
③2Fでは枝葉のボリュームを楽しむ

アオダモ
①手前にあることで奥行きをだす
②1Fでは幹を見せる
③2Fでは枝葉のボリュームを楽しむ

ヤマモミジ
メインのシンボルツリー

アセビ
バランスをとる

キチジョウソウ
ヤマモミジの根締め

キチジョウソウ
アオダモの根締め
景石の添え

ギボウシ
景色をつなぐ

カンツバキ
手前に置くことで
奥行きを出す演出をする

植える木の役割

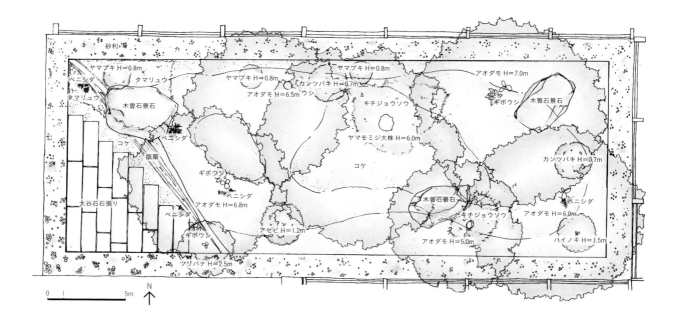

```
0   1        5m        N
                       ↑
```

織部ビル（中庭）/ GA 設計事務所
岐阜県多治見市
陶器店の Shop , Gallery , Cafe のための中庭

２階テラスからの見え、１階テナントからの見え

計画概要

1 階　回廊建築の建築プラン。Cafe + Shop + Gallery に囲まれた空間。
　　　Cafe と Gallery の間のエントランス部は外部になっている。

2 階　テナントエリア。中庭の上部が吹き抜けとなっていることから 2F
　　　のフロアからも庭の木々を見せることで雰囲気が良くなる。背の高
　　　い木が必要。

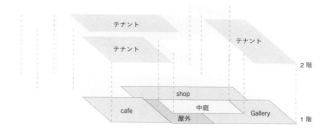

基本計画時　模型写真

コンセプトと提案

① 庭主が陶器店であることから、原料である土をテーマとした
　　→ 土をモチーフとした版築の地層を見せるデザイン

② 2 階からの景色をつくる
　　→ 背の高い木を入れる

③ 2 階に届く木だけでは 1 階が幹ばかりの景色になってしまう
　　→ 1 階でも十分見ごたえのあるモミジを提案

④ グランドカバーには庭主希望の苔を 4 種類提案
　　→ スナゴケ（陽）、スギゴケ（陽～半日陰）、ハイゴケ（半日陰）、
　　　 シノブゴケ（日陰）を日当たりによってモザイク状に張る

⑤ 中庭の内側に長方形の雨落ちが発生
　　→ 砂利の帯をつけ、シャープなイメージの鉄板で見切り

⑥ 入り口から連続する外部通路の動線
　　→ 版築土留めが出迎える三角地帯に石張り通路で広がりをもたせた

庭ができるまで①

土入れ＋景石の据え付け

庭造りの順番としては大きな顧客となる仕事から始める事が基本。樹木（高木）の植栽も骨格となる作業だが、今回は樹木を先に入れてしまうと景石の搬入が困難になりそうなため、景石を優先した。

④
重量 2.5 t の大きな石から順番に据え付け。庭の骨格となる 3 つの景石を据え付ける。
石を仮置きしながら位置を定める。

①
着手前。雨落ちのラインと庭を引き立たせる鉄板の見切り、照明器具、給水排水管までは建築工事で施工済の状態。

⑤
決めた位置の土を掘る。土に埋まる高さと地面から顔を出す高さと姿を考えながら。微調整でできるように穴は広めに掘る。

②
以前、石屋で厳選した景石。デザインサイトと同じ地方の美濃石や木曽石を使用。

⑥
据え付ける石は実際に置く向きで吊り上げる。

⑦
仮置きしながら、据え付ける位置を定める。後で植える木々の位置を想定しながら行う。

③
重量の重い石を中庭に搬入するため、大型のクレーン車を使っての搬入。

⑧
石の向きや高さを調整しながら据え付ける。据えた石の根元に土を入れながら突き棒で突いて動かないようにする。

⑨
土入れ＋整地（仮）据え付けた景石の周りの土を埋めもどす。石の根元を美しく整地。石の生え際を整える。

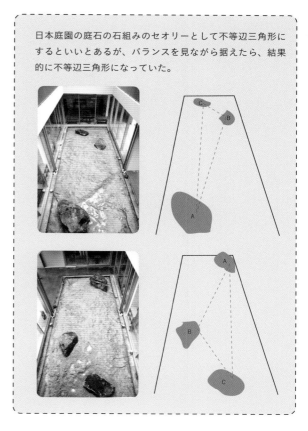

日本庭園の庭石の石組みのセオリーとして不等辺三角形にするといいとあるが、バランスを見ながら据えたら、結果的に不等辺三角形になっていた。

３つの石の高さも変化させることで、景石に変化を与えられる。

A 主石（親石）
迫力を出すために、微妙に石を天端からせり出すように据えた。主石には最も印象的な存在感を与える。

B 副石
主石を引き立たせるくらいの存在感。天端をほぼ水平に据えて安定感があるようにした。

C 添石
元々苔がついた石。苔を伏せる庭の地面と繋がるようにした。石につけた苔と地面に張る苔をつなげて存在感を抑えた。

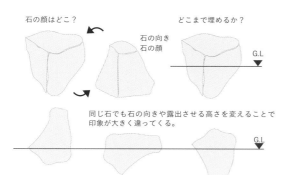

石の顔はどこ？　　　　　　どこまで埋めるか？

石の向き
石の顔

同じ石でも石の向きや露出させる高さを変えることで印象が大きく違ってくる。

庭ができるまで②

木を植える

石組みと同様に予め選んだなかでも、大きな木（主となる木）から順番に配置、植えていく。

ノダケ
①手前にあることで奥行きをだす
②1Fでは幹を見せる
②2Fでは枝葉のボリュームを楽しむ

ヤマモミジ
1Fのメインの景色をつくる
シンボルツリー・アイストップ

ヤマモミジ
①手前にあることで奥行きをだす
②1Fでは幹を見せる
②2Fでは枝葉のボリュームを楽しむ

シリバナ
手前に置くことで
奥行きを持たせる

カンツバキ
アイストップ
奥の領域を示す

アセビ
バランスをとる

キチジョウソウ
根占の植栽

景石に添える植栽

根占の下草類
根元に添える植栽

① 木を吊って植える

予定の位置の近くまで移動。

② 木を解き枝ぶりを整える

植木は運搬しやすいように広がった枝を紐で絞って小さくまとめてある。枝を絞った紐を解いて植木株の姿に戻していく。

③ 仮置き

植える位置と木の向き、傾きを確認するため仮置きを行う。視点場（ビューポイント）に立って位置などを指示し、植えた時は根鉢の高さ分が下がることを想定しておく。

④ 穴を掘る

仮置きで定めた木の根鉢の外周をマーキングして根鉢を作業の邪魔にならない位置に移動。マーキングした位置より広めに植え穴を掘っていく。穴の深さは、根鉢を穴に入れた時に浅植えや深植えにならないようにする。

⑤ 土壌状態を整える

仮置きした木の向きや傾きを微調節する。決定したら土壌改良材などを混ぜた客土で埋め戻す。
土壌改良材は肥料分や通気性・透水性を改善するもの、保水性をよくするもの、土壌 pH を調整するものなどがあり、植える木の樹種や特徴、植える場の土壌状態によって選択する。
モミジの場合は礫質土を好むため、現場で発生した石ころなども植え穴に入れて土に間隙を作り通気性をよくする工夫をしている。肥料分は腐葉土を混ぜ、保水性をよくするためバーミキュライトを混合した。

⑥ 水極めと土極め

埋め戻す際、客土を戻しながら水を入れて突き棒やスコップを用いて根鉢周りを突いて大きな空洞がないように水極めする。樹種によっては、水を入れず土だけで根鉢と固定する土極めとすることもある（マツなど）。

⑦ 木を植えていく

主木の位置を決め、周りの木々も大きな木から順番に植栽していく。手前は露出した地層を再現した版築土塀の型枠。

⑧ 照明や配管などの設備を埋め込む

土中に埋め込み式の照明器具や排管、散水配管の埋設する。

⑨ 地面をならす

デザインした地面が立体的に見えるようにアンジュレーションをつけながら客土を敷き、ならし地面を整えていく。

④ 隙間はダメ

座布団のように土を盛って木を座らせるように

⑤

酸性を好む樹種・アルカリ性を好む樹種などがあるので適材適所で土づくりを工夫する

⑥

⑦

⑧

⑨

⑩ 剪定

植栽をした樹木の剪定。混み合った枝や不良枝を剪定して緑のボリュームを整えていく。植栽したての植木にとっても剪定することで、葉からの蒸散を抑えることができ、木を健全に育てるためにも有効だ。

写真はモミジの剪定。モミジはなるべくハサミを使わず手で枝を折って剪定している。手で枝を折ることでハサミの切り口が残らず柔らかい仕上げになる。

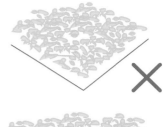

下草・コケのアウトライン

⑪ 低木下草類の植栽

低木や下草も高木と同様に植物の顔になる方向を見定めて植えていく。

下草を群落になるように寄せて植えるときは、下草のアウトラインが不自然に直線や直角にならないように心がける。

同種類を寄せて植える際もピッチにとらわれず、植物の葉の張り方に合わせて並べて植える方が自然に仕上る。

⑫ 苔を伏せる

仕上げに苔を伏せていく。今回は現場の日当たりを考慮して日当たりの好きなスナゴケ、スギゴケ、半日陰を好むハイゴケ、日陰のシノブゴケの4種類を使用。

12-1 苔を伏せる前に再度整地を行なって場を整える。

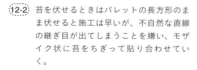
12-2 苔を伏せるときはパレットの長方形のまま伏せると施工は早いが、不自然な直線の継ぎ目が出てしまうことを嫌い、モザイク状に苔をちぎって貼り合わせていく。

12-3 土に定着しやすいように地ゴテなどを用いてしっかり叩いて地面を馴染ませる。その際泥の付着したコテで苔を汚さないように心がける。事前に地面を濡らしておいてもいい。

12-4 今回は苔を使用するためミスト状に散水できるようにした。

12-4

全物件 植物リスト

no.	物件名称	高木・中木	低木・下草類	グランドカバープランツ
1	傾斜地に立体的な散策体験をつくる	HX-villa	アオダモ・ウラジロモミ・オオモミジ・キンモクセイ・クロモジ・コナラ・サルスベリ・スダジイ・ソヨゴ・ツリバナ・ナツハゼ・ホテイチク・ヤマザクラ・ヤマボウシ・ヤマモミジ	アセビ・キチジョウソウ・クマザサ・コグマザサ・トサミズキ・ミツバツツジ	芝生・タマリュウ
2	平屋に効く見え隠れのシークエンス	岐阜の家	アオダモ・クロモジ・シダレウメ・スダジイ・ソヨゴ・ナツハゼ・ヒノキ・ヒトツバタゴ・ヤマモミジ・ワビスケツバキ	アセビ・キチジョウソウ・ギボウシ・ジンチョウゲ・トサミズキ・ハラン・ヒイラギナンテン・ベニシダ・ヤマブキ・ユキヤナギ	芝生・タマリュウ
3	1本の木を選び抜く"疎"の景	N Residence	ケヤキ・ヒメシャラ	アセビ・アベリア・オニヤブソテツ・ベニシダ・ナツヅタ	
4	小さな木立で誘う切妻屋根へのアプローチ	I Residence	カツラ・ツリバナ・ハイノキ・コハウチワカエデ	アガパンサス・アベリア・アベリアホープレイズ・アベリアコンフェッティ・ギボウシ・キンシバイ・シマハラン・ニューサイラン・ハイビャクシン・ヒメクチナシ・マホニアコンフューサ・ヤマブキ	タイム
5	野趣あふれる軒と枝の取り合い	T Residence	サワフタギ・ソヨゴ・ナツハゼ・ヤマモミジ	アジサイ・オカメザサ・キチジョウソウ・クリスマスローズ・シダ・ツワブキ・ナルコユリ・ナンテン・ヒイラギナンテン・フイリヤブラン・フウチソウ・フッキソウ・ヒューケラ	タマリュウ・リュウノヒゲ
6	石と鉄で修景する段差と動線	玄以の家	アオダモ・コハウチワカエデ・ソヨゴ・ハイノキ・ナツハゼ・ヤマボウシ・ヤマモミジ	オカメザサ・コグマザサ・タカノハススキ・ベニシダ	芝生・スナゴケ・タマリュウ
7	木々のレイヤーで奥行を増幅させる	F Residence	アオダモ・シマトネリコ・ソヨゴ・ツバキ・ツリバナ・テンダイウヤク・ナツハゼ・ハイノキ・マルバノキ・ヤマモミジ	アベリアコンフェッティ・キチジョウソウ・ギボウシ・シュンラン・ツワブキ・トサミズキ・ハラン・ヒイラギナンテン・ヒメクチナシ・フウチソウ・ベニシダ・マホニアコンフューサ・ヤマブキ・ユキヤナギ	スナゴケ
8	景色の断片を散りばめて暮らしを彩る	平屋建てのコートハウス	アオダモ・シマトネリコ・シラカシ・ソメイヨシノ・ツバキ・ツリバナ・ハイノキ・マルバノキ・ヤマモミジ	アオキ・カレックス・キチジョウソウ・タカノハススキ・ナンテン・ヒイラギナンテン・ヒャクリョウ・フッキソウ・ミツバツツジ・ミツマタ・ヤマブキ・ローズマリー	スナゴケ・タマリュウ
9	高木の列植で厚みのある陰影をつくる	名古屋の家	アオダモ・ウラジロモミ・オリーブ・カツラ・シマトネリコ・スダジイ・ソヨゴ・トウカエデ・ナツハゼ・ナナミノキ・ハイノキ・ヒトツバタゴ・メグスリノキ・ヤマモミジ	アベリア・カッパーグロー・ギボウシ・キンシバイ・ティーツリー・ニューサイラン・ハラン・ハイビャクシンバーハーバー・ヘデラカナリエンシス・マホニアコンフューサ・ヤマブキ・アガパンサス・ローズマリー	タイム
10	細道空間を活かした緑のトンネル	石畳のある家	コハウチワカエデ・キンモクセイ・ソヨゴ・ツリバナ・ナツハゼ・ハイノキ・ヤマボウシ	キチジョウソウ・ジンチョウゲ・フッキソウ・ヒメクチナシ・ユキヤナギ	
11	下草を密植して瑞々しさを可視化する	楓の庭	イロハモミジ・オオモミジ・キンモクセイ・コハウチワカエデ・ヤマモミジ	キチジョウソウ・ギボウシ・クマザサ・シャガ・シュンラン・スイレン・ツワブキ・ヒメガマ・ナンテン・ヤマブキ・ヨシ・リョウメンシダ	芝生・タマリュウ
12	五感をともなう空間体験を点在させる	春日井の家	アオダモ・エゴノキ・オリーブ・カツラ・シマトネリコ・ソヨゴ・ハクモクレン・ヤマモミジ（既存：オガダマノキ・キンモクセイ・サザンカ・ツバキ）	アジサイ・アガパンサス・オオイタビ・カモミール・ギボウシ・キンシバイ・シダ・シモツケ・シャガ・シャクナゲ・シラン・ジンチョウゲ・ツワブキ・ナツヅタ・ハイビャクシン・ハラン・ヒメクチナシ・ミント・レモングラス・ローズマリー	芝生・タイム
13	キッチンガーデンには余白と高さをつくる	別棟のある家	オリーブ・スモークツリー・チャメロプス・ハイノキ・フェイジョア・ブラシノキ・ハイノキ・マテバシイ・ワシントンヤシ	アガベ・ギボウシ・ストロラビンス・タイム・ニューサイラン・ヒューケラ・ペペロミア・ローズマリー・リョウメンシダ	

no.		物件名称	高木・中木	低木・下草類	グランドカバープランツ
14	居室に馴染むワッフル状のインナーガーデン	羽根北の家	ウンベラータ・エバーフレッシュ・シルクジャスミン	アジアンタム・オオタニワタリ・ディアネラ・ドラセナゴットセフィアナ・ワイヤープランツ	
15	3坪の空間に設える茶事動線	ガエまちや	（既存：キンモクセイ・サンゴジュ）		シノブゴケ・スギゴケ・スナゴケ・ハイゴケ・ホソバシラガゴケ
16	花見座敷をはめ込む滞留のデザイン	長良川の二世帯住宅	アオハダ・アセビ・エゴノキ・シダレザクラ・ソヨゴ・ツリバナ・ホテイチク・マンサク・ヤマボウシ・ヤマモミジ（既存：カキノキ・マキ）	キチジョウソウ・ツワブキ・ヤマブキ	芝生・タマリュウ
17	既存庭の引き算でつなぐ内外の抜け	刈谷の家	既存：アオキ・イスノキ・イチョウ・エノキ・オチャノキ・カクレミノ・クスノキ・クロマツ・サクラ・サザンカ・サンゴジュ・シャシャンボ・シャリンバイ・スイリュウヒバ・タケ・ツツジ・ツバキ・ドウダンツツジ・マキ・モミジ・ヤツデ	既存：アジサイ・クチナシ・ナンテン・ハラン	
18	地元の植生を引き継ぐという選択	つくばの家	アオダモ・アオハダ・アラカシ・ケヤキ・シャラ・ジューンベリー・シラカシ・ソヨゴ・ソロ・ヒメシャラ・ネムノキ・ヤマコウバシ・ヤマモミジ・ヤマモモ	アベリア・サルココッカ・ツルニチソウ・ナンテン・ヤマブキ	ホソバリュウノヒゲ
19	通りや家人の記憶を起点に修景する	M Residence	キンモクセイ・コハウチワカエデ・シダレウメ・ナツハゼ（既存：タイサンボク）	シャガ・ツワブキ・ハラン・ヒイラギナンテン・ベニシダ・マホニアコンフーサ・ユキヤナギ	スギゴケ・スナゴケ・ホソバシラガゴケ・タマリュウ
20	異国情緒を愉しませるディテール	岡崎の家	オリーブ・シマトネリコ・ブラシノキ	ハクチョウゲ・アガパンサス・アベリア・アベリアホープレイズ・オレガノ・ギボウシ・ニューサイラン・ハイビャクシン・ハクチョウゲ・ハゴロモジャスミン・ボックスウッド・ローズマリー	タイム
21	住まいの履歴と風情を組み合わせる	理科まちや	ヤマモミジ（既存：オオモミジ・キンモクセイ・クロマツ・ヒラドツツジ・モミジ・カナメモチ）	アセビ・ギボウシ・トサミズキ・ナンテン・ハラン・ヤマブキ	スナゴケ・タマリュウ
22	公私のバッファーとなる緑	O-clinic / O-house	アオダモ・エゴノキ・ツリバナマユミ・ヤマボウシ・ヤマモミジ	キチジョウソウ・ツワブキ・マホニアコンフーサ・ユキヤナギ	スナゴケ・タマリュウ
23	木立に佇める通りの顔をつくる	TG Residence	カツラ・コハウチワカエデ・シマトネリコ・テンダイウヤク・ナツハゼ・ハイノキ・ヒメシャラ・ヤブツバキ・ヤマアジサイ・ヤマモミジ	カヤツリグサ・キチジョウソウ・ギボウシ・キンシバイ・ヒイラギナンテン・ヤマブキ	
24	まちの森に育つ原っぱの庭	志賀の光路	アカシデ・アラカシ・コナラ・ナツハゼ・ハイノキ・ヤマザクラ・ヤマモミジ	クマザサ・コグマザサ・ミツバツツジ	芝生
c1	商店街の小さな森	Yanagase forest project	アオダモ・カツラ・コナラ・スダジイ・ツバキ・ナナミノキ・ヤマモミジ	キチジョウソウ・ハギ・ヒメクチナシ・ヤマブキ	
c2	リハビリのための緑道	近石病院	アオダモ・エゴノキ・カツラ・ケヤキ・サルスベリ・スダジイ・ジューンベリー・ナツハゼ・ナナミノキ・マルバノキ・ヤマボウシ・ヤマモミジ・ヤマモモ	アセビ・カンツバキ・ギボウシ・トサミズキ・ヒメウツギ・ヒメクチナシ・マホニアコンフーサ・ミヤギノハギ・ムラサキシキブ・ヤブラン・ヤマブキ・ユキヤナギ	芝生
	ガレリア織部 中庭		アオダモ・ツリバナ・ハイノキ・ヤマモミジ	アセビ・カンツバキ・キチジョウソウ・ギボウシ・ヤマブキ	シノブゴケ・スギゴケ・スナゴケ・ハイゴケ

おわりに

　木々を増やすだけでなく、ときには無くすことで良いバランスが生まれることや、一つの要素だけを見るのではなく、取り巻く環境同士が互いに歩み寄れる関係をつくることが大切だと教えてくれたのは、学生時代に指導を受けた恩師でした。庭をデザインする仕事をしていると、つい庭だけに目が向きがちになり、建築と庭を別の空間として見てしまうことがあります。しかしそれぞれを切り離して考えるのではなく同じ空間として捉えて見るようにすると、建築の美しさを引き立たせる木々のあり方が自ずと見えてきます。作庭の計画を立てるときも、現場で木を植えるときも、常にこの「庭と建築の調和」について考えてきました。

　「園三」という会社を設立してからは、恩師の教えを体現するデザインを探求しながらも、ただひたすら庭づくりの現場に向き合い、日々の仕事に没頭してきました。そんな日々を送っていたある年末に、学芸出版社の岩切江津子さんから建築に合う庭のつくりかたを本にできませんか、というお話をいただきました。それからの岩切さんとの度重なる打ち合わせは、日々私の頭の中で考えていることをどんどん引き出してくれ、気付けば 5 年も経ってしまいましたが「なんとなくいい」という景色を丁寧に紐解いた本ができました。

　造園業を営んでいた両親は「世界を緑にしたい」という大きな夢を掲げ、私も子どもの頃からそれを聞いて育ち、迷うことなく造園業の道に進みました。独立してからは、一軒の庭からほんの少しでもまち並みが変わり、それがつながり、世界を緑にしていく足がかりとなると信じて庭をつくってきました。緑の景色は、その美しさを眺めるだけでなく暮らしの場を拡張させることで、さらに生き生きとした「空間」として時を紡いでいきます。そしてその暮らしが続いてこそ、緑の世界も広げることができるのだと思います。庭主や建築家との当時のやりとりを懐かしく思い起こしながら、時には楽しく時には反省しながら長い時間をかけてできたこの本の中に、全てではありませんが、これまでの多くの経験と知恵を詰め込みました。本書をきっかけに、これからも、庭主、建築家、庭をデザインする私たちとともに、緑のある暮らしを広げていけたらと願っています。

2020 年 8 月　田畑了（園三）

謝辞

　まず、この本の制作にご協力いただいた庭主・建築家の皆さまには、心より感謝申し上げます。そして、いつも作庭に携ってくれている職人の皆へ。皆さんがいなければ、目指す庭はかたちになりません。また、ぼう大な収録資料を作成してくれたスタッフに。手を煩わせました。そして、推薦の言葉を寄せてくださった永江朗さんと、編集を担当してくださった岩切江津子さん。ありがとうございました。

著 者 略 歴

園三｜Enzo

本名・田畑了（たばたさとる）、株式会社園三代表取締役。京都芸術大学通信教育部
ランドスケープデザインコース非常勤講師、武庫川女子大学建築学部景観建築学
科非常勤講師。1975 年岐阜市生まれ、京都芸術短期大学（現 京都芸術大学）ラ
ンドスケープデザインコース専攻科修了後、岐阜の造園会社に就職。2005 年、現
事務所を設立。イタリア・コモで行われる国際ガーデンショー Orticolario2016 に
て金賞を含む 3 賞を同時受賞。2022 年 Orticolario2022 にてセントラルパビリオン
のガーデンを招待作家として作庭。

園三 HP

https://www.enzo-garden.net

Instagram

@enzo_garden

緑のデザイン
住まいと引き立てあう設計手法

2020 年 9 月 25 日　第 1 版第 1 刷発行
2024 年 6 月 20 日　第 2 版第 1 刷発行

著　者⋯⋯⋯園三

発行者⋯⋯⋯井口夏実

発行所⋯⋯⋯株式会社学芸出版社
　　　　　　京都市下京区木津屋橋通西洞院東入
　　　　　　電話 075 - 343 - 0811　〒 600 - 8216
　　　　　　http://www.gakugei-pub.jp/
　　　　　　info@gakugei-pub.jp

編集担当⋯⋯岩切江津子

装　丁⋯⋯⋯赤井佑輔・渡会芽生（paragram）

印刷・製本⋯シナノパブリッシングプレス

NIWA HOUSE
Houses Designed by TOSHIHITO YOKOUCHI
横内敏人の住宅 2014 - 2019

横内敏人 著

A4 横判・416 頁・本体 15000 円＋税

庭と建築を一体につくる"庭屋一如"の思想を体現してきた建築家の最新 26 作品。現代的な和の空間、洗練された木造住宅建築に定評ある著者は、自ら植栽図を描き、樹種を選定し、施工に立ち会う。邸宅や別荘をはじめ、街中のコートハウス、郊外住宅、増改築、公共的施設まで、設計思想とプロセスを詳細な図面資料と写真で綴る。

桂離宮・修学院離宮・仙洞御所 庭守の技と心

川瀬昇作 著／仲 隆裕 監修

A5 判・160 頁・本体 2500 円＋税

日本庭園の四季折々の表情は、多くの人々に賞賛されてきた。その美しさはどのような技術によって形成され、保たれているのか。40 年にわたり宮廷庭園（桂離宮、修学院離宮、仙洞御所）の造園技官を務めた著者が、脈々と受け継がれる技術を明らかにしながら、心を揺さぶる写真とともに、自然の美を表現した庭園の魅力に迫る。

サイト　建築の配置図集 SITES Architectural Workbook of Disposition

松岡 聡・田村裕希 著

B5 変判・256 頁・本体 3600 円＋税

80 余りの名作建築を広大な敷地周辺と共に、木の葉や屋根の表情まで微細に再現した図集。敷地周辺図に占める建物図の割合を 0.1％から 50％へ徐々にズームアップし、地形図から詳細な間取りへと見せ所を変えながら、建物と敷地の関係を多様な広がりで捉え直した。見方のヒントとなる課題を解きながら新たな発想を得るワークブック。

重森三玲　庭園の全貌

中田勝康 著／写真

A5 判・288 頁・本体 4000 円＋税

二十世紀の大作庭家、重森三玲の庭は、どのように生まれたのか。二部構成の本書では、第一部で非公開の個人庭園を含む 113 庭を撮り下ろし写真にて俯瞰。半世紀以上に及ぶ作風の進化と深化をたどる。第二部では「テーマ→抽象→造形」という作庭のプロセスを、古典庭園との比較から詳解。重森枯山水のルーツと創造の奥義に迫る。

日本庭園鑑賞便覧 全国庭園ガイドブック

京都林泉協会 編著

四六判・264 頁・本体 2400 円＋税

日本の美的要素のすべてがつまった庭という空間を、いかに愛で、理解するか。70 年をかけて全国の庭園を賞翫してきた京都林泉協会による、鑑賞のための知識を網羅した愛蔵版。地割、石組、垣根、燈篭、石造品、古建築など、構成要素のすべてを解説する。全国 1300 件の庭園一覧、関係年表、文献目録等研究のための資料も充実。

プロが教える住宅の植栽

藤山 宏 著／日本建築協会 企画

B5 判・176 頁・本体 2800 円＋税

住居への緑のニーズは高まり、住む人のライフスタイルに応じた多様な植栽が求められている。建築主が納得する植栽を提案するには？　本書は、植物の基礎知識及び住空間の各部位ごとの植栽計画を掘下げ、観葉植物、壁面・屋上の植栽も含め、樹種選定からメンテナンスまで、樹木・草花を使いこなす技術を具体的に解説した。